中国民间文艺之乡
河南武陟
被中国民间文艺家协会命名为
中国黄河文化之乡

《中国民间文艺之乡》总编委会
　　总顾问：冯骥才
　　编委会主任：罗　杨
　　编委会副主任：张志学　周燕屏　吕　军

　　总主编：罗　杨
　　常务副总主编：周燕屏　朱　庆
　　副总主编：王锦强　徐岫鹃
　　执行总主编：刘德伟　柴文良
　　执行副总主编：王东升
　　编　辑：王柏松　周小丽　王素珍　李婉君　龚　方

《中国民间文化之乡—河南武陟》编辑委员会
　　主　任：夏挽群　程健君
　　副主任：乔台山　耿相新
　　委　员：（按姓氏笔画为序）
　　　　　　马志超　马遂昌　王亚光　王兴学　孔繁茹　刘平　刘珊　刘炳强
　　　　　　孙晓玲　孙德兵　邢会昌　李凤有　李书斌　李泽炬　李洪涛　李振峰
　　　　　　严双军　杨永华　杨淑华　张天文　张体龙　张建国　张学勇　张静远
　　　　　　陈大明　赵　峰　赵联群　范大岭　和发科　尚剑飞　姜俊超　袁占才
　　　　　　徐　荣　徐龙欣　徐慧丽　党玉红　高庆民　高丽鹏　奚家坤　梁国栋
　　　　　　韩　露　谢　强　雷泉君
　　编辑部主任：李凤有
　　美术编辑：周洁皓
　　编　务：王　健　胡永利

《中国黄河文化之乡—河南武陟》编纂委员会
　　顾　问：庞宏　王保才
　　主　任：闫小杏
　　副主任：秦迎军　马金洲　王亦山　魏国龙　薛新生　吕沛　宋鹏飞　杨灵枝
　　委　员：张全兴　慕小广　宋国盛　党玉红　翟嵩峰　李从喜　魏远峰　王小片
　　　　　　薛更银　李祖瑶　荆小斌　杜振乾　杨保红
　　主　编：薛新生
　　副主编：党玉红
　　编　辑：薛更银　李祖瑶　荆小斌　杜振乾　杨保红
　　摄　影：王顺波　赵凤本　魏忠明　关惠卿

中国黄河文化之乡
河南武陟

主编 薛新生

中国文联出版社
http://www.clapnet.cn

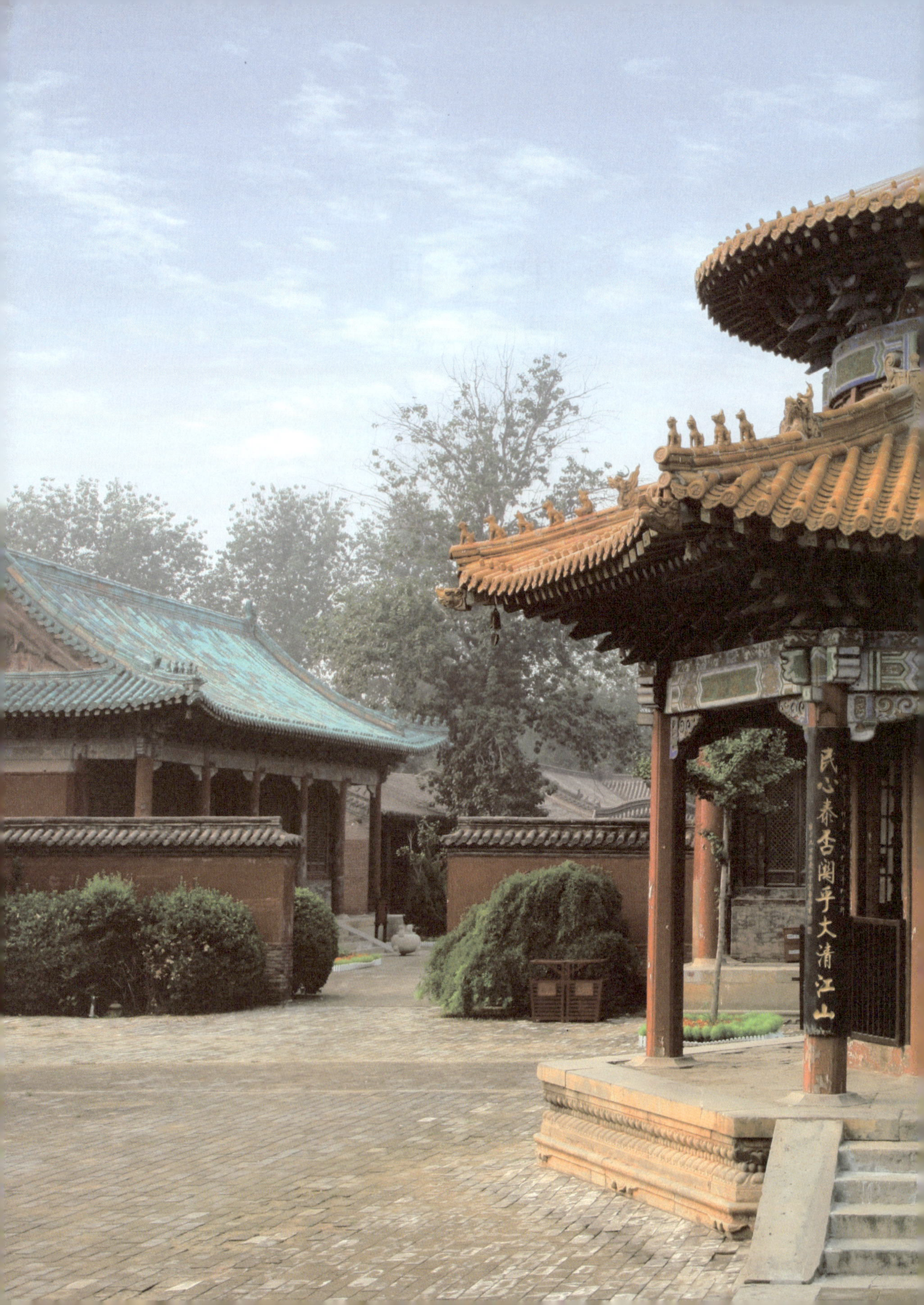
民心泰否関乎大清江山

河張河洛維系皇一冠頂戴

御碑亭

　　御碑亭位于嘉应观内，是嘉应观的标志性建筑。亭盖为伞形圆顶，六角重檐，赭黄色琉璃瓦覆盖。亭外层有檐柱六根，内层有金柱六根，平枋穿连，形成筒状结构，六面碑隔扇门窗，外观精美。亭内正中有御碑一通，由雍正皇帝撰文丹书，并盖有玉玺"雍正御笔之宝"。碑文记载的是有关雍正对治理黄河和祭祀河神龙王的内容。御碑为铜面铁胎，制作工艺奇特，在历代碑刻中实属罕见。御碑亭顶部由刹、钵、宝珠组成，线条流畅，美观大方，形似大清皇帝的皇冠，庄严而富丽堂皇。雍正敕建嘉应观，而且将"皇冠"放在观内最显眼的地方，显示了他对治理黄河水患的决心，正如亭的楹联所说的"河涨河落维系皇冠顶戴，民心泰否关乎大清江山"。

让民间文艺之花在乡土中绽放

罗 杨

当插秧机在田野里穿梭，打春牛的习俗还会有吗？当电视机进入千家万户，还有老人娓娓道来地讲故事吗？当天气预报准确预测风霜雨雪，农谚还能在生活中流传吗？当嫦娥飞船已经成功探月，嫦娥的传说还保有那份神秘色彩吗？当藏族牧民搬入城镇,格萨尔史诗还能吟唱多久？当农民迁入楼房,古村落社火庙会还会热闹地上演吗?凡此种种，都不禁令人叩问不已。

民间文化是民族文化的摇篮和根基，然而，在全球化发展日趋迅猛，各种思想文化相互激荡的今天，很多民间文化遗产，特别是深藏在偏远乡村的文化遗产正面临窘境：有的因无法传承而濒危，有的因未被重视而灭绝，有的因过度开发而变得面目全非。由此，人们越来越深刻地认识到，保护本民族和本地区的文化遗产，彰显其别具一格的地方文化特色，已成为捍卫民族民间文化独立性的必然选择。由中国民间文艺家协会开展的中国民间文艺之乡命名工作，就是一项对地方特色文化进行保护传承的有效举措。

人类生活不仅需要一个生态良好、宜居幸福的物质家园，还要有一个能够让人们随眼入心留下鲜明历史和文化印记的灵魂居所。只有保留住灵魂的家园，才能使人在浮躁的社会里得到更多的心理安宁和身心愉悦，从而提高生存和发展的质量。反之，如果忽视了对当地民俗的尊重和精神传续，就等同割断了历史记忆和文脉传续。这样的家园即使房子盖得再好，设施再现代化，都会使人产生陌生和距离感，无处安放和抚慰屡遭纷扰的心灵。而被需求呼唤出来的民间文艺之乡，正是当今人们赖以生活的家园和灵魂的庇护所。活态沿革的民间文艺之乡不仅记录着本地区历史文化发展的轨迹，也反映着当地民众的道德观念和审美情趣。丰富的历史文化基因和独特的心灵密码使之成为当地人民群众灵魂的归宿。试想，如果没有那些世代流传于村巷阡陌，铭刻于民众心头，穿越历史时空的神话、传说、故事、歌谣以及代表地域特色的民间习俗，人们该如何回味家园和故乡？民间文化寄托着民众的欢乐和悲伤，引导着民众对宇宙、历史、地方和家园万物的理解。离开了民间文化，人们将无法识别和了解一个地方的地域特色和乡土文化。可以说，在广袤的国土上，到处都有独特的地理景观和与之相观照的民俗文化和风物传说。也正是由于有了风土人物等民间文化的晕染，才使一个原本只是地理意义的地方产生了诸如精卫填海、嫦娥奔月、天女下凡、得道升天、风水堪舆、福地洞天等富有传奇色彩的文化意义，有了超越自然景观以外的丰富内涵，从而为本地人勾勒出一幅寄寓心灵深处的乡土画卷，为外来者呈现出一个令人神秘向往的世界。青田的石雕文化，荆州的三国文化，庆阳的香包文化，宜兴的紫砂文化，丽水的龙泉青瓷……人们常常会追问，为什么阆中有个春节老人？为什么涉县唐王山有座女娲宫？为什么这里是愚公的故里？为什么那里是孟姜女哭长城的地方？为什么沙田唱水上民歌？为什么祁连唱藏族拉伊……正是这些历久弥新的风物传说和文化事项，才使一片原本洪荒的土地成为具有深厚文化底蕴的沃土，成为受人关注的地方，也令民间文艺研究者接踵而至。他们对民间文艺之乡的关注并不在于山川秀丽，山花盛开的自然世界，也决不是要铺陈出一个自然地理的图卷，而是要展开一幅铭刻在中华儿女心中的人文地图。

民间文艺之乡不容造假和忽悠。随着中国社会经济的发展，民间文化建设越来越受到各方面重视。很多地方通过对本地民间文化的深入挖掘和整理，建设成为富有历史底蕴和文化特色的民间文艺之乡。与此同时，我们也注意到，一些地方出现了拼命寻找和争抢民间历史文化资源的现象，甚至夸大其词制造假象，出现了"先造谣再造庙"浅薄浮躁的诟病，甚至以传承文化的名义打造出一批真实性与文化内涵近乎乌有的假景观和假人物，并藉此大搞商业开发活动。所谓的品牌与名片可以有助于文化的传播与发展，但如果缺失了对文化的虔诚和敬畏，就会造成对文化传统的歪曲和贬低。正因如此，民间文艺之乡的创建应该有自己的品位与追求，有自己的境界与底线，不能停留在市场运作与传媒炒作的层面，不能停留在招牌与名片的层次。任何与民间文化遗产相关的开发项目，都应当考虑其对文化传承的影响。要避免过度开发和不当开发破坏其固有的遗产价值。如果只是按照旅游经济的需求重塑文化认同，以假冒的民间文化代替原生态民间文化，既严重亵渎了民间文化资源，又浪费了大量经费，则必然会贻害子孙，贻害社会。

民间文艺之乡不仅仅是品牌和名片。祖先给我们留下的壮丽河山与丰富的人文遗产，首先是对人类文化多样的完美演绎，是对人类精神世界的满足，是对人民文化生活的丰富，是对人们道德情操的滋养，是对民族精神的凝聚与升华，是对悠久历史与美好未来的寄托与拓展。申办民间文艺之乡只是捍卫传播乡土文化的动力，保护文化根基才是根本，绝不能把"品牌"和"名片"作为建设民间文艺之乡的目的，不应把富矿般的民间文化资源当作商业标签来使用。申报民间文艺之乡决不能只看重一地一时之利，决不能寅吃卯粮鼠目寸光，要有风物长宜放眼量，着眼长远和未来的襟怀和气魄，把着眼点放在民族民间文化和人类文明的未来上。

民间文化之乡留给我们的是民俗文化传承和积淀的财富，命名民间文艺之乡不是民间文艺抢救保护工作的结束，而是文化传承弘扬和发展的接力跑。民间文艺之乡经专家认证命名后，当地的建设者们还要花更大、更多的人力、财力和物力去确保民间文化"原汁原味"地传承下去，使它的历史价值和文化意义不止步于过去和眼前的光鲜，而是在未来焕发出更加绚烂的光彩。

实践证明，民间文艺之乡是保护抢救民间文化遗产，建设中华民族共有精神家园的有效载体。凡是民间文艺之乡发展好的地区，都呈现出经济发展、社会和谐的局面。人民群众对乡土文化的高度热爱和广泛参与，正在被内化为保护非物质文化遗产的文化自觉，这种文化自觉被转化为巨大的精神动力，在新农村文化建设、构建社会和谐中正释放出不可低估的能量。通过民间文艺之乡的品牌效应，真正实现了历史文化得以彰显，文化设施不断完善，文化精品层出不穷，文化市场繁荣有序，文化产业协调发展，群众文化丰富多彩，文明程度明显提高。因此，充分发挥民间文艺之乡在推动社会主义文化大发展大繁荣中的作用，将是中国民协一个长期的课题和长远的任务。

  我们非常高兴地看到，通过我们多年的不懈努力，民间文艺之乡在保护非物质文化遗产、开创地域文化品牌、振奋民族精神、促进地区经济发展与社会和谐中正发挥着不可替代的作用。很多地方政府充分认识到了民间文艺之乡在新农村文化建设中的价值和作用。他们以民间文艺之乡为依托，以树立文化品牌为己任，着眼于文化类型和区域文化的特点，以政府、专家和人民群众的共识为合力，立足保护和传承本地独特的民族文化、传统文化、地域文化等，挖掘整理抢救地区历史和民族文化中蕴含的思想情感、道德观念、信仰意识、价值取向、风土人情、民俗文化等核心内容，对成为当地形象"名片"的文化符号、文化景观、文化标志加以保护和宣传；将地区特色文化融入经济社会发展和新农村建设的方方面面，有效地保持了文化的历史性、丰富性以及多样性、新颖性。我们相信，民间文艺之乡的建设和发展，必将谱写出当代新农村文化和精神家园建设的和谐乐章，必将为后人留下一幅历史文化记忆和地域风采的绚丽画卷。

目 录 >>>

武陟与黄河　　　　　　　　　　　　　　　　　　001

第一章　武陟概况　　　　　　　　　　　　　　　001
　　一、自然环境　　　　　　　　　　　　　　　002
　　二、历史沿革　　　　　　　　　　　　　　　006
　　三、经济发展　　　　　　　　　　　　　　　010
　　四．城镇建设　　　　　　　　　　　　　　　013
　　五、风情民俗　　　　　　　　　　　　　　　014
　　六、风物特产　　　　　　　　　　　　　　　017
　　七、风景古迹　　　　　　　　　　　　　　　020

第二章　武陟历史与黄河　　　　　　　　　　　　025
　　一、远古文明　　　　　　　　　　　　　　　026
　　二、汉晋龙兴　　　　　　　　　　　　　　　030
　　三、隋朝一统　　　　　　　　　　　　　　　034
　　四、唐宋盛治　　　　　　　　　　　　　　　038
　　五、治黄重地　　　　　　　　　　　　　　　041
　　六、共筑梦想　　　　　　　　　　　　　　　043

第三章　黄河文化与遗存　　049
　　一、古代的黄河文化　　051
　　二、特有的治黄文化　　056
　　三、多样的祭祀文化　　065

第四章　万里黄河第一观　　083
　　一、神秘面纱下的嘉应观　　084
　　二、黄河治理中的嘉应观　　090
　　三、官方祭祀中的嘉应观　　104

第五章　大河遗风民间传　　113
　　一、传说中的黄河故事　　114
　　二、生活中的美丽歌谣　　138
　　三、流传中的谚语真谛　　150

第六章　河润千古育奇葩　　153
　　一、古代文明遗址　　154
　　二、著名治黄遗迹　　157
　　三、黄河岸边民俗　　159
　　四、油茶飘香华夏　　176
　　五、四大怀药美名　　181

第七章　文化传承与建设　　189
　　一、黄河文化的抢救和挖掘　　190
　　二、黄河文化的传承和保护　　195
　　三、黄河文化的规划和发展　　201

附录　　208
后记　　210

武陟与黄河

中共武陟县委书记 闫小杏

武陟县位于河南省西北部，是一个美丽富饶的地方，北望巍巍太行、南临滔滔黄河。域内沁河贯中，物产丰富、人杰地灵，县域总面积805平方公里，辖7乡、4镇、4个街道办事处，347个行政村，总人口74万，与省会郑州一河相隔。这条河，就是我们的母亲河——黄河。

在黄河流淌的长5464公里，752443平方公里的流域面积中，武陟只是沿黄河九个省、自治区中，受母亲河润泽的众多县市中的一个，但却是最具代表性、最有地域特色的一个。2013年5月，中国民间文艺家协会下发民协发[2013]10号决定，命名焦作市武陟县为"中国黄河文化之乡"，并在武陟建立"中国黄河文化研究中心"。同年7月，中国民间文艺家协会在武陟县举行挂牌仪式，将"中国黄河文化之乡"匾牌授予武陟县。武陟是黄河流域中第一个被冠以"中国黄河文化之乡"称号的县，这是武陟的骄傲，是母亲河赐予武陟的骄傲。

黄河文化是人类文明的一颗璀璨明珠。自产生至现在上下五千年的漫长岁月里，虽然经历了人类文明的多次蜕变，但始终保持着自己丰富的内涵、独特的风采，充满了内在的顽强生命力。武陟自置县以来，就与母亲河有了斩不断的渊源。"一部武陟史，半部黄河变迁史"，翻开武陟的历史，就是一部记载黄河文化的历史，记载武陟从置县到今天1400多年的治黄史。在与黄河相依相伴、斗争而又相互依存的历史变迁中，地处黄河中下游分界线的武陟，因其独特的地理位置，成为黄河文化产生发展的核心地区之一。从邢人作丘、大禹治水、汤王治水，直至明清时期的治黄历史，到新中国成立后人民胜利渠变害为利的创举，无不见证着中华民族治黄、祭黄文化的形成和发展历程。

武陟是扼守黄河河道的关隘，在华北平原南北长宽五六百公里的巨大扇形区域里，武陟既是扇轴的根部，也是整个平原的制高点。自武陟起，黄河由高原入平原，由漕河变悬河。黄河在此处"三年两决口，百年一改道"的历史事实，演绎出了波澜壮阔、可歌可泣的治黄祭黄画卷，留下了万里黄河第一观——嘉应观、祈雨圣地青龙宫等诸多文化古迹，形成了怀邦、二股弦、黄河号子等文化曲目，沉淀了武陟厚德、包容、笃行、进取的文化精神。近年来，全县上下抢抓全省建设中原经济区、国家粮食生产核心区和航空港经济区三大国家战略机遇，发挥武陟独特的交通区位优势和丰富的物产资源，凝心聚力，真抓实干，武陟的经济社会实现了快速发展。先后获得国家卫生县城、全国粮食生产先进县、全国食品工业强县、全国科技工作先进县、全国金融生态县、全国绿化模范县、全国国土资源节约集约模范县、全国最具投资潜力中小城市百强县、全省"十快"产业集聚区、全省"十先进产业集聚区"等多项荣誉称号。

去年以来，在广泛征求意见，深入调研论证的基础上，县委、县政府进一步明确了工作的思路重点，即：坚持"更加注重可持续、更加注重质量效益、更加注重改善民生"三项原则，实施"城乡统筹、工业振兴、旅游提升、交通支撑、人才培育和开放带动"六大战略，建设"堡垒工程、阵地工程、文化工程、平安工程、慈善工程、清廉工程"六大工程，全面加快新兴中等城市建设。具体工作中，围绕加快发展旅游、传承文化，一方面，以悠久的历史文化、深厚的黄河文化和丰富的民俗文化为依托，科学整合武陟宝贵的地域文化内涵和旅游资源，不断加大黄河文化、民间文化保护开发与弘扬力度，在嘉应观景区开工建设了总投资10亿元的众慧欢乐世界项目，并引进建设了总投资30亿元的黄河湿地公园项目，着力打造极具黄河文化特色的文化产业，使之成为我县经济社会发展的新亮点。另一方面，围绕建设中原经济区华夏历史文明传承创新区的战略定位，积极发掘整理黄河文化资源，组织开展了大规模的文物和非遗普查工作，全面了解和掌握全县的文物和非遗资源现状，建立了比较规范的资源档案，并参加了国家非物质文化遗产保护工作、民间文化遗产抢救工程、农村文化中心建设、特色黄河文化项目传承人申报，进一步提高了文化文物传承保护管理水平。随着旅游提升战略的加快推进，加之中国黄河文化之乡的授牌，不仅进一步确立了武陟在治理黄河、祭祀黄河方面的重要地位，也进一步明确了武陟是黄河文化的重要发祥地和传承地之一，对于武陟叫响这一文化品牌，促进经济社会又快又好发展，具有重大的现实意义和深远的历史意义。

县文联作为引领全县文化事业发展的核心力量，自觉承担了对黄河文化资源保护、挖掘、展示、传承的重任，牵头组织有关专家、学者编纂了《中国黄河文化之乡—河南武陟》一书，并将此书奉献给广大读者，奉献给立志为传承、弘扬黄河文化而努力奋斗的人们。全书以丰富翔实的资料和精美的图片，全面展示了黄河文化之乡的概况，涵盖了黄河文化在武陟的发生、发展和演变、传承、传播以及武陟在黄河文化方面的一些建设成就和发展规划等，是一部不可多得的地域性史志类图书。

我们深信，这本书的出版，必将促进武陟民间文化资源的保护和开发利用，树立武陟特色的文化品牌，推进中国黄河文化之乡又好又快发展。同时，这本书的出版，也将加速武陟经济文化的振兴，促进"新兴中等城市和美丽武陟宏伟蓝图"的早日实现。

欣闻《中国黄河文化之乡—河南武陟》即将付梓出版，是为序。

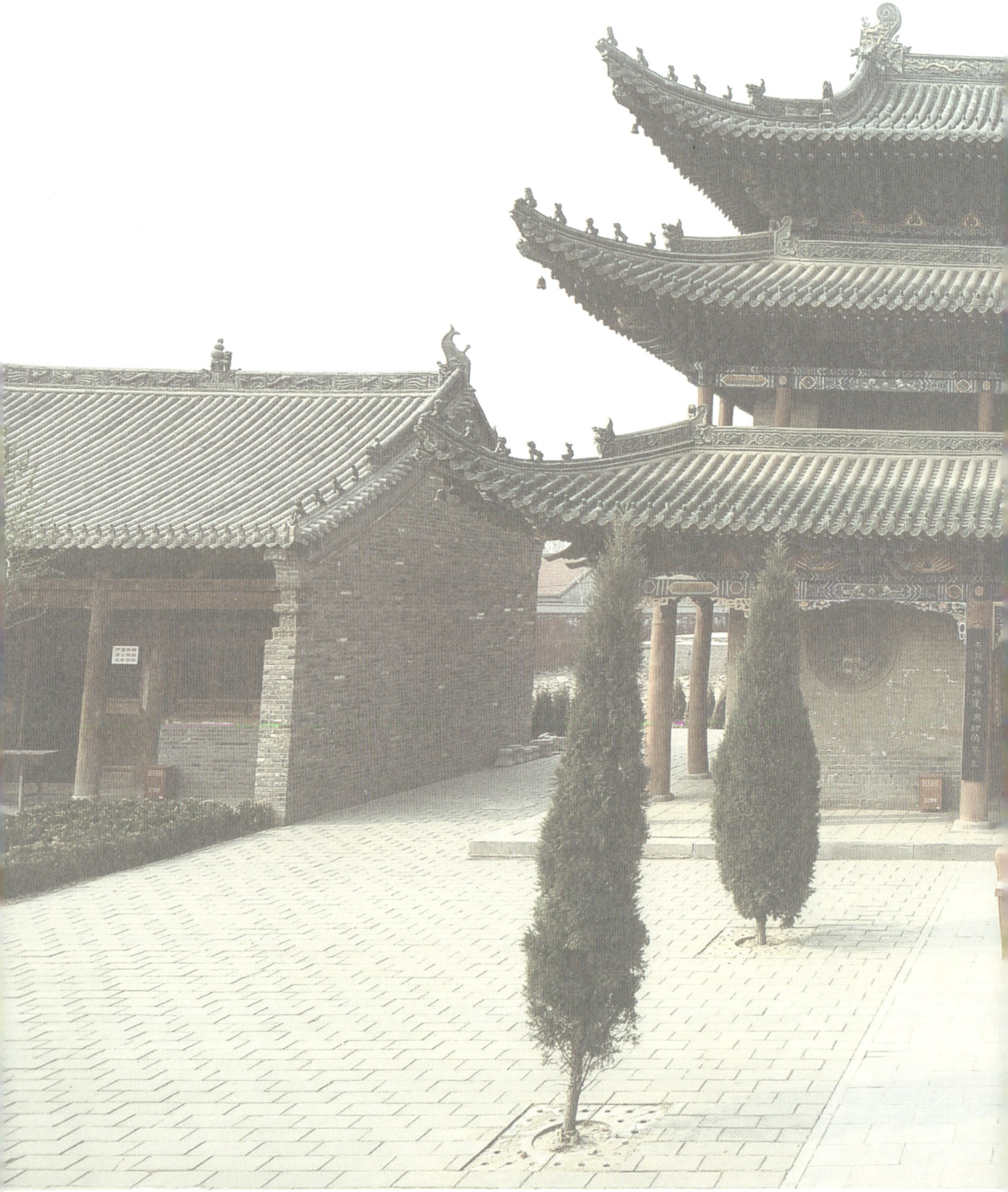

第一章

武陟概况

武陟位于河南省西北部，沁河横贯其中。东与获嘉县、原阳县为邻，西与温县、博爱县接壤，南与郑州市、荥阳市隔黄河相望，北与修武县相连。是郑州、焦作、新乡、洛阳、山西晋城几大城市交会中心的节点。武陟历史文化悠久，上古无怀氏部落在此建古怀城，夏属冀州，称覃怀。春秋置怀县，秦易名武德，汉魏晋为河内郡治。隋开皇十六年（596年）设武陟至今。

中国民间文艺之乡

　　武陟地处豫北平原西部，南临黄河，北依太行，是焦作地区面积最大和人口最多的一个县。全县一马平川，良田沃野，雨量充沛，景色宜人。与郑州隔河相望，交通便利，京广铁路纵贯其中，公路四通八达。武陟的来历，与周武王有关。据明万历十九年《武陟志》记载："武陟县，周武王牧野之师，兴兹土，故名"。2013年，武陟县被中国民间文艺家协会命名为"中国黄河文化之乡"。

一、自然环境

地理特征　武陟县位于河南省西北部，豫北平原西部，黄河北岸，与

郑州隔河相望，隶属焦作市。它处于黄河冲积平原的中上部，地形略有起伏，总体地势西南高、东北低。西部最高，地面高程99.5米，东部最低，地面高程97.1米，相对高差1.6米，自然坡降为1/3000左右。地理坐标：东径113°10′～113°40′，北纬34°57′～35°10′。武陟属暖温带大陆性季风气候，年平均气温14.4°C，年降水量575.1毫米，无霜期211天。武陟县地处豫北怀川平原，北依巍巍太行，南临滔滔黄河。土地肥沃，物华天宝，人才辈出，是中华文明发祥地之一。

人口、面积 全县总面积805平方公里，总人口74万，辖7乡、4镇、4个街道办事处、347个行政村。

黄河人家

杉树

资源 水资源：武陟县属黄河、沁河交汇地带，境内沁河贯中。过（入）境河流有15条，主要排水河道有6条，沁南地区和黄沁河两滩区主要过境河流有黄河、沁河、漭河、济河和二四区涝河。县东和沁北地区，主要河流有大沙河、蒋沟及一干排、二干排、共产主义渠首、大狮涝河。武陟境内地下水非常丰富，水位稳定，水质良好，适宜居民饮用和工业用水。

动植物：全县的饲养动物主要有牛、马、羊、驴、猪、鸡、鸭、鹅、鹌鹑、兔、水貂、蜜蜂等。有属于国家保护的珍稀树种：白香椿、银杏、红豆杉、杜仲、白皮松等。药用植物主要有：天麻、连翘、桔梗、柴胡、葛根、枸杞等。

武陟物产资源丰富。盛产优质小麦、玉米、水稻、花生等，是四大怀药的原产地，有3000多年的种植历史。全县拥有优质粮种植中心4万多公顷，四大怀药种植中心近7千公顷，工业原料林中心1万多公顷。

另外，能源供应充足。网电、自发电兼备，拥有5座110千伏、1座220千伏变电站和2个自备发电厂。国家西气东输工程日可供天然气10万立方米。

交通 武陟交通区位独特。地处中原经济区核心区，位于郑州、焦作、新乡、洛阳、晋城五城市辐射中心，是晋煤外运的咽喉要道。县城距郑州市区35公里，到郑州国际机场仅需40分钟。京广铁路穿境而过，武陟火车站是黄河北岸重要的货物换装站。长济、原焦两条高速贯穿东西，郑云高速横贯南北。有两座黄河浮桥与郑州相连。桃花峪黄河大桥已经建成通车，郑焦城际铁路也已建成运营，S104绕城环线等重大交通设施正在加紧建设中，武陟正式进入省会"一刻钟经济圈"，交通区位优势更加凸显。现在武陟正在着力打造"一横三纵国道、七横七纵省道、回字形城市环线、纵横交织县乡道路"的大交通网络、进一步放大武陟的区位交通优势。交通的便捷通达势必为武陟带来大量的信息、人脉、商业等生产要素，为武陟经济社会跨越发展提供强大动力。

奔向和谐

二、历史沿革

武陟历史文化悠久,是中华文明的发源地。在夏朝属冀州,称覃怀,春秋置怀县,秦易名武德,隋开皇十六年(596年)始置武陟县。据明万历十九年《武陟志》载:"武陟县,周武王牧野之师,兴兹土,故名。"距今已有1400多年历史了。

武陟在周初称怀邑。秦始皇二十六年(前221年),秦统一后置怀县。秦始皇二十八年(前219年),置武德县(今圪垱店乡大城村),属河内郡(也有说属三川郡)。汉武帝建元年间(约前140年),割温县、怀县两县地置平皋县(今温县北平皋),属河内郡。晋武帝泰始二年(266年),河内郡由怀县迁至野王(今沁阳市)。怀县、武德县属河内郡。晋怀帝永嘉二年(308年),废武德县入修武县。东魏天平三年(536年),温县治所迁移至今武陟县

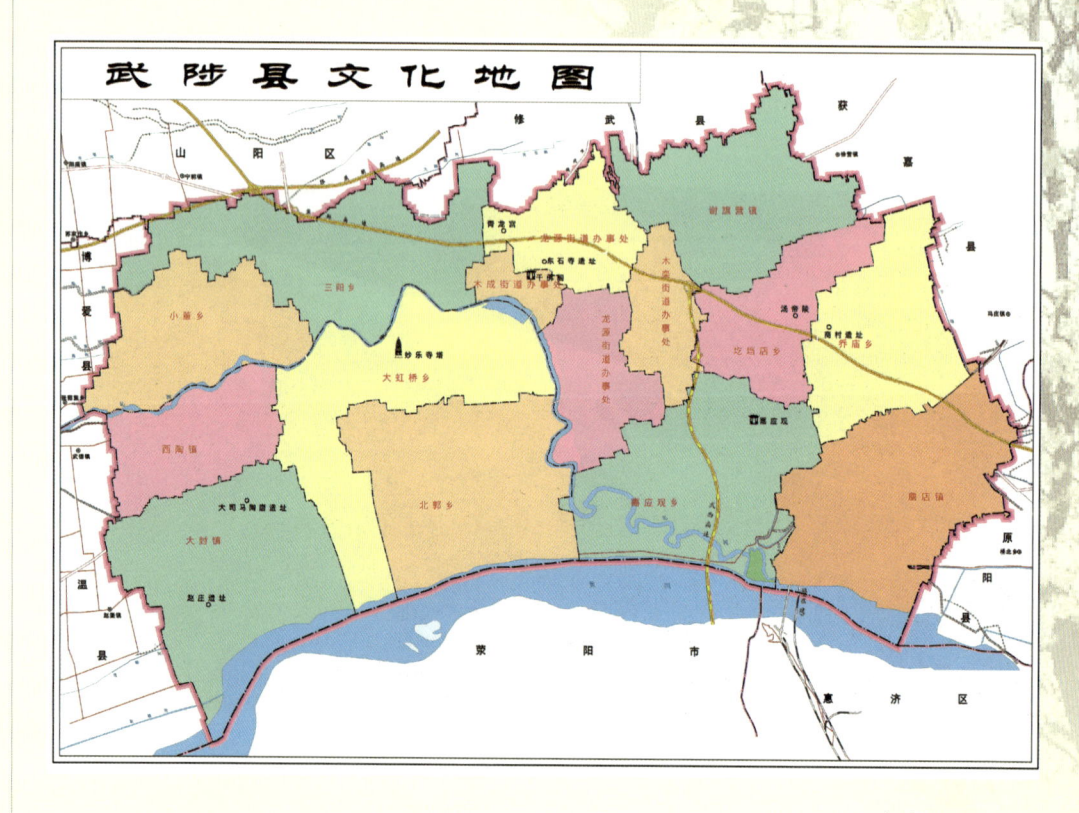

武陟县文化地图

大虹桥乡温村。隋开皇十六年（596年），分修武县南部置武陟县。隋大业二年（606年），废武陟县入修武县；废怀县入安昌县（今温县武德镇）。唐武德二年（619年），复置怀县。唐武德四年（621年），复置武陟县（在今大虹桥乡原老城村。1982年，沁河杨庄改道，老城村搬迁，老城遗址已成河道）。唐贞观元年（627年），废怀县入武陟县。五代十国时期，武陟县属怀州。北宋时期，武陟县属河北西路怀州。北宋熙宁六年（1073年），废武德县入河内县（今沁阳市），辖区域今属温县、武陟。同年，废修武县入武陟县称修武镇，至元祐元年（1086年），废镇复县。金代，武陟县属河东南路怀州。元宪宗七年（1257年），将怀州改为怀孟路总管府，武陟属之。后，武陟县属怀或路总管府。明，武陟县属河南布政使司河北道怀庆府。清，武陟县属河南省怀庆府。清乾隆六年（1741年），河北河务兵备道驻武陟县（旧县城），亦称彰卫怀道，领三府（彰德、卫辉、怀庆），二十四县。

在漫长的历史沿革中，武陟县境内名人辈出，青史留名。

蔡茂　（前24～47年）字子礼，东汉河内怀县(今武陟县蔡庄)人。汉哀帝、平帝在位时，以通达儒家学说被征用，历任博士、议郎、侍中等官职，曾为皇帝的经学顾问。王莽称帝时，他借病辞职。刘秀建立东汉，他复任议郎一职，建武20年擢升司徒，官居相位。建武二十二年卒于官，归葬故里。现冢在武陟县西南西司徒村。

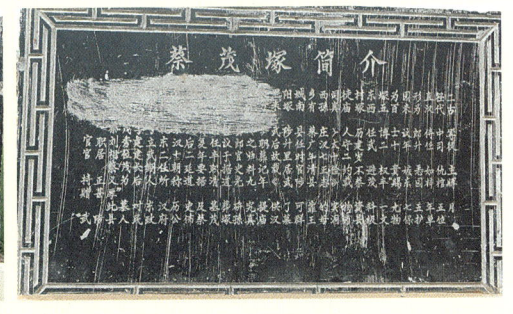

蔡茂冢

蒯通　秦末人，蒯通出名源自劝韩信造反刘邦。可惜韩信没有听从蒯通建议，若韩信听从其言当不知历史该如何改写。蒯通原籍河北定兴，史家避汉武帝讳追书曰通，楚汉时辩士，有权变。不知何故流落武陟。其墓在武陟县城东北蒯村。旧有碑文，武陟县志也有记载。

兰采和 八仙过海的故事人人皆知，八仙中的兰采和是武陟县人。兰采和是唐末逸士，后成为神话故事人物八仙之一。兰采和墓位于武陟县城东6公里谢旗营镇兰封村村东，原占地1.5亩，现其冢尚存。

山涛（205～283）竹林七贤的故事源远流长，多少年过去了，走在幽深的竹林里，仿佛还能听到1700多年前的雅琴玄乐。竹林七贤中的山涛和向秀都是武陟人。山涛，西晋河内人(武陟西小虹人)。父早死，但自强不息，安贫耕读，少有气量，介然不群，性好老庄，每隐身自晦。山涛是竹林七贤的领军人物，他先与嵇康、吕安及同乡向秀交好，后遇阮籍、阮咸叔侄及琅琊王戎、沛国刘伶，常在山阳（今修武东北）竹林里游，世称竹林七贤。

山涛墓

向秀冢

何瑭祠

向秀（约227~272）字子期，河内人（今武陟县西尚村人），是魏晋之际著名的文学家和哲学家，竹林七贤之一。著有《庄子注》《周易向氏注》《难养生论》等。向秀少即才众，"清悟有远识，雅好老庄之学"，对《庄子》一书深入研究，大畅玄风，对宣扬老庄思想起了推动作用。此外，向秀为悼念被司马氏所杀的好友嵇康而作的《思旧赋》，在我国文学史上也有重要地位。

何瑭（1474~1543）明成化十年（1474年）出生于武陟小何井，次年迁居何营。任明代礼部尚书，明代著名的文学家、理学家、音乐家、数学家。著有《阴阳管见》、《乐律管见》、《医学管见》、《儒学管见》等。"吾儿强似我，要钱做什么！吾儿不胜我，要钱做什么！"就是出自何瑭的墓志铭。

毛树棠、毛昶熙 毛树棠（1779~1845），字苕村，河南武陟木栾店人。清朝嘉庆二十二年进士，官至户部侍郎，总督仓场，尽心经营，革除弊端。同时毛树棠也是中国近代著名书法家。毛昶熙（1817~1882），毛树棠之子，道光年进士。咸丰十年（1860年）以左副都御使衔在籍办团练围攻捻军，次年任内阁学士。同治元年（1862年）随僧格林沁在鲁、豫、鄂、皖等地镇压捻军，授礼部侍郎。僧格林沁战死后，毛昶熙被清王朝授命"规划战争全局"，成为当时消灭太平天国战乱的总指挥。战争结束后，毛昶熙一度主政外交，同慈溪太后、皇帝共同策划外交事务。先后调吏部、户部，授左都御史，八年兼署工部尚书，在总理各国事务衙门行走，十一年改任礼部尚书，十三年兼翰林院掌院学士，光绪八年（1882年）任兵部尚书。在清代后期，毛昶熙是一位极其重要的人物，他的作用与曾国藩、李鸿章、袁世凯、张之洞几位朝中重臣同等重要。袁世凯也和毛家有着特殊关系，袁世凯的父亲袁保中生有两个女儿，其中一个嫁给毛昶熙的二儿子毛绳治（有说毛绳治为毛昶熙弟弟毛亮熙之子，毛亮熙死的比较早，毛绳治由毛昶熙抚养）。而在结婚之前，毛绳治因病死去，袁世凯的姐姐是抱着丈夫的灵牌嫁到毛家去的。因此，毛家举办了声势浩大的"婚礼"，整个家族也特别尊重和关爱这个媳妇。这件事在当时引起了轰动，也引起朝廷的注意，后来慈溪主张，皇帝颁旨，在武陟大建贞节牌坊。因袁世凯姐姐死了丈夫，常年在家吃斋念佛，袁世凯不时在毛家常住。袁世凯后来的飞黄腾达也和毛昶熙有着密切关系。

三、经济发展

武陟县委县县政府深入贯彻落实党的十八大和十八届三中全会精神，以富民强县为中心任务，以深化改革为根本动力，更加注重可持续发展，更加注重质量效益和改善民生，强力实施六大战略，全面推进八区建设。努力把武陟建成繁荣富裕、开放包容、生态宜居、和谐稳定的新兴中等城市，奋力走在中原经济区的前列。

河阳梨园风光

农业 全县的粮油及经济作物主要有：小麦、大麦、玉米、谷子、水稻、棉花、油菜、芝麻、向日葵、大豆、花生、西瓜，还有闻名全国的四大怀药等。

果树品种：全县的果树品种繁多，主要有苹果、梨、桃、油桃、草莓、枣、核桃、柿、杏、葡萄、山楂等，其中产于黄河滩涂的河阳富硒梨更是闻名遐迩。

武陟地属黄、沁河冲积平原，地势平坦，土地肥沃，水资源丰富，属暖温带大陆性季风气候，适宜多种农作物生长。小麦、玉米、花生、大豆、水稻等质优且产量高，四大怀药更是全国闻名。武陟县2万多公顷黄河滩区水丰地肥，林茂粮丰，实施了1.33万公顷小麦良种推广、666.67公顷商品粮基地建设等项目。河南省委省政府提出三大战略之一是粮食生产核心区，武陟县是全国重点粮食生产基地，是全国粮食生产基地县、商品粮基地县、省优质小麦种植示范基地县和平原绿化达标县。现已创建粮食高产万亩方、千亩方和百亩公关田20个，夏粮总产实现12连增。实施农业示范工程、发展家庭农场、成立农民专业合作社、加快土地流转、集现代农业、观光农业、休闲农业和农产品深加工企业于一体的现代农业园等建设正在火热进行中。

武陟县产业聚集区

工业 武陟产业特色鲜明。全县规模以上企业311家，装备制造产业门类由3个增加到8个，装备制造企业达到68家，生物医药规模以上企业达15家，水针剂年产能35亿支，成为全国最大的水针剂生产基地。初步形成了包括造纸、食品、医药化工、装备制造四大主导产业，专用汽车、电子信息、新能源新材料、低碳四大新兴产业的现代工业体系。同时，大力推动企业创新，建成省级以上技术研发平台25个，国家高新技术企业8家，11家企业进入全市科技创新能力百强，江河纸业成功创建国家级企业技术中心，武陟县连续四年被评为全国科技进步先进县。培育了一批全省乃至全国有影响的骨干企业。江河纸业公司无碳复写纸年产量居全国第一位，华康公司木糖年产量居全国第二位，长江制动器公司的制动器年产量居全国第二位，斯美特公司的方便面年产量居全国第三位，天津药业焦作公司水针剂年产量居全国第三位。

近年来，随着郑州城市扩容、企业外迁等政策的实施，大量企业纷纷选择跨河发展，武陟县承接了许多郑州产业转移项目。现在郑州又规划郑上新区，实施"腾笼换鸟""促二转三"等政策。武陟县又地处河南省三大战略之一中

原经济区的核心地带，随着全省"三大战略"的深入推进，必然在政策、机遇上为武陟带来更多的发展机会。

  第三产业 武陟县依托黄河文化之乡品牌，整合嘉应观、妙乐寺塔等文化资源，全面启动两大景区建设，突出抓好嘉应观、妙乐寺、青龙宫、千佛阁等文化旅游区和黄河生态湿地开发建设。围绕"黄河文化"和"服务大郑州的休闲文化"两大主题，利用地缘优势，积极推进旅游事业的发展。针对郑州及周边城市人口的周末休闲需要，努力建设黄河文化游的"首选地"、都市居民休闲游的"集散地"。随着旅游基础设施逐步完善，众慧欢乐世界等项目加紧建设，县委县政府规划启动木栾新区特色商业区，实现了旅游和三产服务业由"从无到有"到"从小到大"的转变。

  武陟经济社会发展迅速。近年来，县委县政府坚持以科学发展观统领全局，按照省委"四个重在"实践要领，扎实推进工业强县、农业强县、旅游强县、文化强县等建设，着力破解经济社会发展难题，促进了县域经济快速发展。先后荣获全国粮食生产先进县、全国食品工业强县、国家卫生城市、第七届第八届中华慈善奖、全国最具投资潜力中小城市百强县、全国科技进步先进县、全国金融生态县、全国绿化模范县、全国国土资源节约集约模范县、平安建设先进县等称号。

四．城镇建设

  武陟发展前景广阔。县委县政府编制了全县城乡发展整体规划，实施城乡统筹战略，促进了城乡统筹一体发展，破解了城镇化水平低的难题。武陟县坚持中心城区带动、城乡联动、城乡一体的城镇化路径，全面加快八区建设和新型城镇化进程，加快新兴中等城市建设。武陟县的老城区、木栾新区、产业聚集区等50平方公里的中心城区已经成为武陟新型城镇化的核心，武陟县计划通过2~3年的努力，把武陟建设成为中原经济区核心区独具特色的新兴中等城市。现在老城区改造已经取得重大突破，木栾新区框架基本形成，产业集聚区跨入全省十强二星行列，把武陟打造为中原经济区核心区产业转型升级的先行区、城乡统筹的示范区和焦作对接郑州的重要经济板块的目标即将实现，一个布局合理、生态宜居、繁荣富裕、开放包容、和谐稳定的新武陟不久的将来将出现在人们面前。

武陟美景

五、风情民俗

武陟处于黄河中下游的分界点。悠久的历史孕育出了丰富多彩的民俗文化，在武陟这片黄河水浇灌的热土上，演绎出一桢桢灿烂的民俗图画。

怀梆 武陟是怀梆的发源地之一。怀梆系河南省古老的稀有地方剧种，因发源于古怀庆府的沁阳、武陟、济源、温县、孟县、修武、原武、阳武一带，故名怀梆，俗称怀庆梆子、老怀梆。该剧种起于明末，到清朝已经成型，清末至民国时期成熟，至今已有400多年历史。

武陟怀梆

怀梆以古怀庆府一带的方言为基础，唱腔表演昂扬奔放、慷慨粗犷、朴实泼辣，生、旦、净、末、丑行当齐全，擅演朝代蟒靠架子戏，具有鲜明的地方特色。在整个旧怀庆府的戏曲艺术中占有主要地位，是整个辖区传统文艺形式的缩影，是本地区最古老的优秀戏曲文化，在豫西北和山西南部一带广为流传。2006年，怀梆被国务院列入首批国家级非物质文化遗产名录。

舞狮 也叫耍狮子。以前的狮子是用麻皮或粗布制作，现在多用丝绸彩缎。一般有两个人舞狮，一人在前手把着狮子的头，另一人在后架着狮身。前面的人领着动作，后面的人因什么也看不见，全凭配合默契在跳跃翻滚。表演时可上桌子，可打滚，也可滚球等，另有一个人拿绣球在前面指挥。

高跷 为传统节目。表演者双脚绑着两根木棒，木棒的长短没有具体标准，但一般至少在50厘米以上，木棍越长，动作难度越高，显得踩高跷人的水平越高。踩高跷的人以棍代脚行走，身着古装，浓妆艳抹，动作夸张，精彩异常。

中国民间文艺之乡

高跷

推花车　也叫推火车。一个妇女在花车里面，看样子是坐，实则为立着。旁边一老头用手扶着花车的帮，两边有人在手摇扇子扭动腰肢帮衬。花车的前面一小丑担一软质挑子扭来扭去，乐器伴奏。表演者一般在原地转圈演唱，唱腔为民间小调。

背桩　一个成年人在背部绑着一根长长的木头桩，在木头顶端立着一个小孩。这个小孩是用绳子绑在木桩上的，以防不小心掉下来。桩上小孩扮作故事人物在上面表演，背桩人在下走场套花，有乐队伴奏，只行走，不演唱。背桩需要有力气的成年人，桩上的小孩要有胆量。

霸王鞭　表演者手拿系着铜铃和花的短鞭，和着鼓点舞动花鞭。有独自舞动，但大多是相互击打、挑逗，动作夸张搞笑。

另外还有耍龙灯、跑旱船、黄河盘鼓、哼小车、大圣鼓等，在后面章节里还要讲到，此处不再赘述。

董永墓　　　　　　　　　　　董永故里孝子节

丰富的孝文化　董永是中华民族孝文化典范《二十四孝》中的标志人物，也是家喻户晓的神话人物，而董永卖身葬父的故事就发生在武陟小董乡。至今在小董村仍保留着当时傅员外家的石狮、石马以及董永用过的石磨石碾，当然，还有那个千百年来被代代相传美丽而又凄婉的故事。2006年，武陟县的董永传说被列为首批国家级非物质文化遗产名录。

《西游记》里刘全进瓜的故事人人皆知。而真实的刘全是元代孝子，据元史和武陟县志记载，刘全是武陟东唐郭人，是中华民族《二十四孝》人物之一。明代吴承恩的《西游记》，写玄奘大师去西天取经。写唐太宗戎马一生，杀戮过重，需要超度众生。谁去阴间打理这件事呢？吴承恩想到了刘全，把刘全从武陟挪到均州，从元代挪到了盛唐。其实，除了《西游记》别的与刘全相关的文学作品，如《快嘴李翠莲》还是元代故事，刘全还是武陟人，跟唐太宗没有任何关系。

六、风物特产

武陟地处豫北怀川平原，黄河中下游的转折点。这里地理条件优越，气候适宜耕种。古老的沁河从这里流入黄河，北面的巍巍太行是一道天然屏障，挡住了北方来的寒流，滔滔黄河从西方古老高原上带来黄色泥土。这是一片传奇的地方，她是古老而又充满活力的中华文明发源地之一；这是一片神奇的土地，她的独有物产别处无可比拟。

油茶 是河南省武陟县历史悠久的传统特产，也是我国久负盛名的风味小吃。武陟油茶在秦朝称甘缪膏汤，汉称膏汤积壳茶，至今已有2600多年历史。武陟油茶在配方上选用精粉、珍珠淀粉、花生、芝麻等几十种原料进行科学配伍而成，具有益肝、健胃、润肺、补肾、提神生津、强身益寿等多种功效。并具有味道浓郁、浓而不腻、芳香可口、营养丰富、食用方便等特点，因而驰名中外。1958年，国家还专门在武陟聘请了两位油茶老艺人到北京传艺，当时在全国引起了轰动。近年来，随着传统工艺改造和制作技术的提高，油茶还被制成了方便食品，远销港澳台及海外，成为武陟的对外名片之一。

四大怀药 是怀地黄、怀牛膝、怀山药、怀菊花四种药用植物的总称。因武陟县古称怀，明清属怀庆府管辖，故史称四大怀药。地黄、牛膝、山药、菊花都均入列44种国药之宝，是发现较早、适应症较多、用量最大、配方中出现频率最高的中药材，从古至今为保护人民健康做出了不可替代的贡献。

怀山药　　　　　　　　　　　　　　　怀牛膝

武陟属黄河、沁河淤积平原，土壤富含腐殖质、矿物质，气候适宜，水利条件好，种植四大怀药已有近3000年历史，是四大怀药的原产地和集中产区。经现代科学化验，四大怀药有效成分含量远远高于同类外地产品。春秋时期，

山药、地黄即为贡品。汉代张仲景研制出六味地黄丸、金匮肾气丸，怀药已被广泛使用。《神农本草经》及后世各种"本草"均注明地黄、牛膝、山药、菊花以怀或河内为佳，医生处方多在药名前加"怀"字。怀，指的就是怀邑、怀县。明清之后，"怀"指怀庆府，怀药生产也逐渐向温县、博爱、沁阳发展，但仍以武陟为核心产区。史料表明，四大怀药及其配伍成药一直作为贡品进献历代王朝。怀药的生产地域有限，为保证怀药的有效成分，防止病虫害发生，怀药不能重茬种植，真正的地道怀药产量有限，弥足珍贵。四大怀药突出的历史文化价值，传统的养生保健价值以及综合经济价值已成为怀川地区的重要品牌，享誉全国。以经营四大怀药为主的"怀帮"是明清商业行帮中第一大帮派。各地行帮会所留有"十三帮，一大片，不如怀帮一个殿"之说。怀药不仅讲究"货出地道"，而且3000年来在炮制方法上已形成一定之规，讲究"尊古炮制"，使药性、药效得到最有效的利用和发挥。如地黄分生地和熟地，药性和疗效不同。熟地黄要九蒸九晒，工艺繁杂考究，否则会破坏营养物质、改变药性。怀药不仅在国内用量大，早就行销到东亚、东南亚，地黄、山药被誉为怀参。近代随着文化经贸交流，四大怀药及其成药更是遍及全世界。2007年2月，"四大怀药种植与炮制"被河南省人民政府公布为第一批省级非物质文化遗产名录。2008年6月，被国务院公布为第二批国家非物质文化遗产名录。

怀地黄　　　　　　　　　　　　　　　　怀菊花

河阳梨 中原大地，黄河两岸，提起河阴石榴河阳梨，可谓妇孺皆知。河阴石榴指的是位于黄河南岸，和武陟隔黄河相望的郑州荥阳产的软籽石榴，而河阳梨就是产于黄河北岸滩涂的武陟河阳富硒梨。河阳梨因其个大、皮薄、肉厚、糖多、渣少、口感好，闻名遐迩。又因其产自黄河滩地，富含矿物质硒，对提高人体免疫力，抗衰老有着明显功效。

菡香大米 "未见菡萏带露开，只知甑中珍珠白。忽闻室内飘莲意，谁料此香米中来。"这首《咏马宣寨大米》就是对菡香大米的生动写照。菡香大米产于有小江南之称的武陟县乔庙乡。此米蒸出的饭含有一股淡淡的荷花清香，故得名。

七、风景古迹

巍巍的太行山雄峙在武陟的北边，南面滔滔奔流的黄河水是武陟和郑州的分界。在这片土地上，有着如灿烂群星般的古迹名胜。

嘉应观中大殿

妙乐寺塔

嘉应观 位于黄河北岸，武陟县城东南，始建于雍正元年（1723年），是雍正皇帝为纪念在武陟筑坝堵口、祭祀河神、封赏治河功臣而修建的。嘉应观集宫、庙、衙三位于一体，是清代纯官式建筑群，被誉为万里黄河第一观，现在是国家重点文物保护单位。

妙乐寺塔 在碧波荡漾的沁河边上，耸立着一座巍峨壮观的千年古塔，这就是妙乐寺塔，位于妙乐寺的旧址上，现寺已废，唯塔独存。妙乐寺塔始建于东汉献帝年间，在隋、唐及后周显德年间均进行过重修。现存的妙乐寺塔是后周显德二年所建，距今已有1000多年历史。据已发现的建塔碑刻记载："佛于双树焚化全躯，灰尽灭时余舍利灵骨，收建宝塔一十九所，妙乐寺塔其一也。系阿育王始造，妙乐寺塔序列第十五。"由此可见，妙乐寺塔是佛祖的真身舍利塔，该塔在佛教史上有着十分重要的地位，现在是国家重点保护文物。

妙乐寺塔为一座十三层的叠涩密檐式砖塔。平面正方形，中空，呈筒状，通高34.19米，全塔由塔刹、塔身两部分组成。高达6.74米的鎏金铜刹由须弥座、相轮、宝华盖、水烟、仰月、宝珠、刹尖构成。所有构件均为一次性浇铸而成，无焊接和铆钉，工艺之精湛实为全国罕见。塔心室为正方形，室内壁为竖井状。在塔心室地平砖的缝隙间，投掷硬币可以听到清脆的落水声，故当地素有塔下有井泉的传说。塔内各层原设有楼板和楼梯，以利人们登极塔顶。古之妙乐寺北临沁水，南望黄河。据此，近观沁水碧波荡漾，渔舟唱晚；南眺清风蜿蜒，黄河奔流，为文人墨客寻幽揽胜之佳地。

千佛阁

千佛阁　位于武陟县城南大街北端，建于明代嘉靖36年（1557年），重修于清代咸丰六年（1856年），是国家文物重点保护单位。整体建筑有山门、中大殿、千佛阁。千佛阁两端原有关帝庙和城隍庙。阁内因佛像甚多，楼上有千手千眼佛，故称千佛阁。千佛阁建筑宏伟，古朴典雅，建筑艺术高超，雕刻技艺精湛，是明清时期释道合一在古建筑上的反映。现千佛阁为武陟县重要的旅游景观。

吉祥寺　　　　　　　　　　　　　　　　　　　　文冠树

吉祥寺　始建于明代,是省级文物保护单位,位于武陟县城西南东草亭村。原坐落在清风岭上,向南可远眺邙山,俯掠黄河,东临沁水,风景怡人。大殿前有黄果树(又叫文冠树)一棵,相传武松杀寺时曾在此树上挂过刀。据说宋徽宗宣和年间,山东阳谷县都头武松为报兄仇杀了淫妇潘金莲,斗杀奸夫西门庆,吃了官司后被发配孟州(现河南孟县)。在武陟县境,从南贾往西渡沁河,过方陵,入草亭,过清风寺,见寺中僧人欺男霸女,奸淫人妻,打家劫舍,横行一方。嫉恶如仇的武二郎于是进寺诛杀了这群恶僧。水浒传里武松大战飞天蜈蚣就是来源于此。后清风寺废,吉祥寺在清风寺原址重建。现相传吉祥寺大殿前黄果树上尚有武松杀寺时挂刀留下的痕迹。

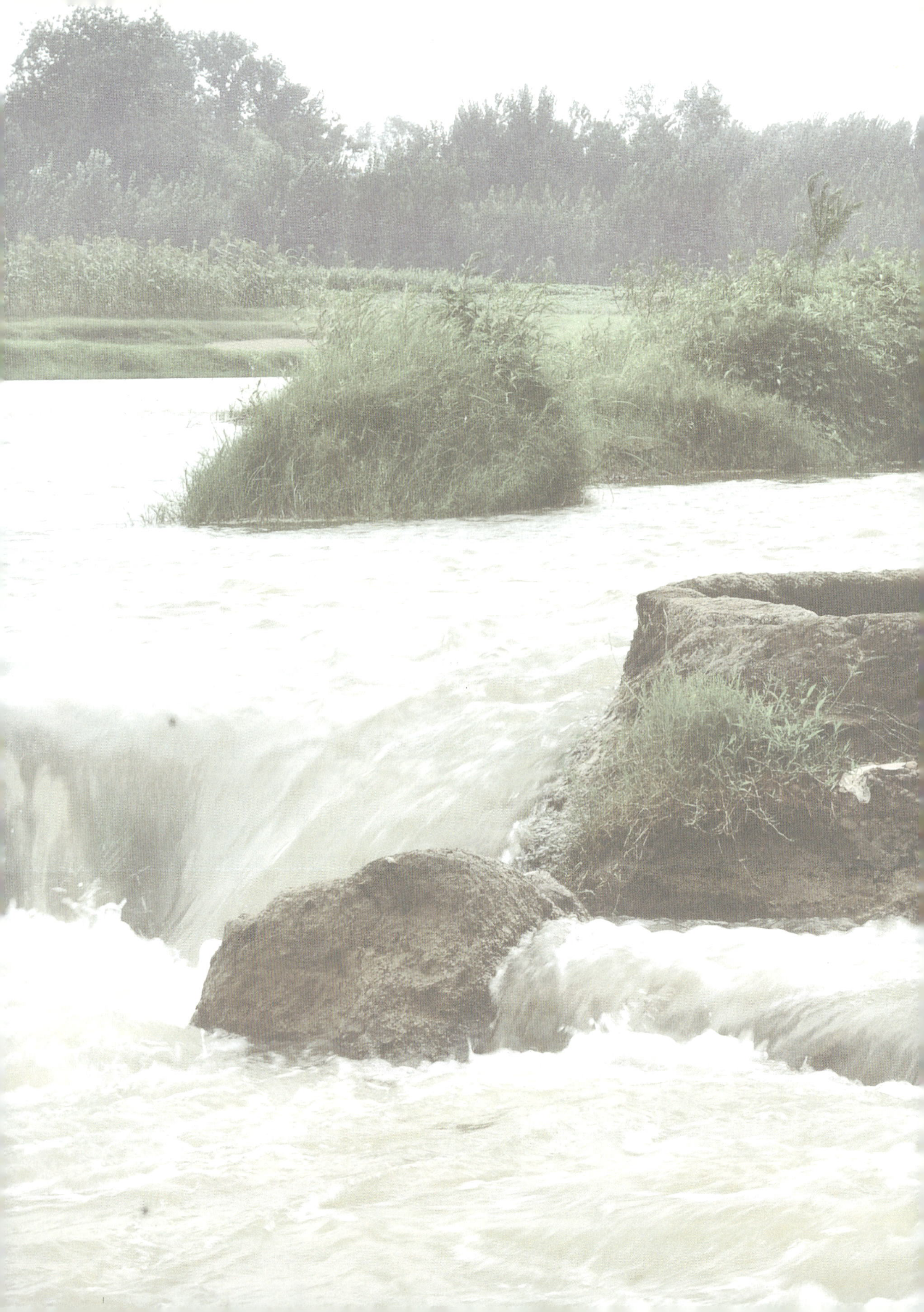

第二章 武陟的历史与黄河

武陟得名，至今已1400余年，但与她更为悠久的历史相比，却还显得那样年轻、神秘而富于活力。太行山麓，黄河之滨，清风蜿蜒，沁水中分，这块美丽的土地，曾经蕴育多少灿烂的文明，发生几许精彩的故事。沧桑变幻，云卷云舒，瞭望无际的原野，苍翠的田园，你能否想象巍巍大伾耸立的壮丽，可曾体会滔滔黄流决溢的汹涌……且把穿越时空的思绪挽住，让我们来一同细细品味！

中国民间文艺之乡

　　武陟，因黄河而名，因黄河而兴。从先民逐水而居的无怀古城，到大禹治水之"覃怀厎绩"；由商兴伾山建成汤帝陵，至武王伐纣时怀城忽崩；秦汉群雄逐鹿，魏晋七贤风流；隋唐风云际会，宋元富比江南；明清以降，河道关乎国运；人民胜利，自此顺轨安澜。笔笔浓墨，记录着武陟与黄河的不解之缘；道道重彩，描绘出黄河对武陟的养育深情。说武陟，离不了黄河；谈黄河，更脱不开武陟……

一、远古文明

　　距今10000多年以前，地球进入地质学上的全新世时代，此时冰期结束，气候普遍转暖，冰川融化，海面上升。到距今7400年左右，华北平原被淹没，海岸线在太行山东麓，人类文明的足迹在这一时期就已登陆武陟。

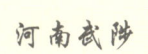

根据王大有先生考证，当时大伏羲氏族的无怀氏部落，活动在今武陟、温县一带，其都城建在怀城（今武陟县西陶镇古城）。这里北扼太行，南濒黄河，依山傍水，气候宜人，土肥地沃，兽多鱼美。无怀氏部落在黄河岸边繁衍生息，日益壮大，颇为当时执政者所倚重。宋罗泌《路史》中说："无怀氏，帝太昊之先，其抚世也，以道存生，以德安刑……当世之人，甘其食，乐其俗，安其居，而重其生。"可见其治清明。部落的杰出首领苍芒（女，风姓），在公元前5241年继承帝位，成为伏羲女娲政权的第七十二任帝。苍芒去世后，她的甥女、无怀氏部落的节曲于公元前5209年接任帝位，是为第七十三任帝，并一直执政到公元前5175年。（王大有·《三皇五帝时代》、玉壶九千·《中国远古帝王谱》）

距今4000多年前，人类迎来了又一次洪水期，虽然规模不如以前几次大，

黄河湿地

但由于人类繁衍和文明进步，因此对这次洪水危害的记忆却十分深刻。

此时的古怀之地一片汪洋。黄河之水从西而来，大伾东横阻水难行，"荡荡怀山襄陵，浩浩滔天"（《尚书·尧典》）就是对此的生动写照。大禹受命治水，来到怀地，察看水势，因势利导，从大伾山与太行山之间开沟挖渠，疏浚洪水，"覃怀底绩，至于衡漳"（《尚书·禹贡》）即是记述此段历史。"怀"也因此又称"覃怀"。正是大禹在这里治水的巨大成功，为日后夏朝人类活动中心逐步由山西向河南一带黄河两岸迁移创造了条件。

需要说明的是，此处所说的古大伾山在今获嘉、武陟交界一带，呈东北、西南走向，西南至少延伸至今武陟北郭乡，而非浚县大伾山。北魏郦道元《水经注》对于大伾的记载是："河水又东，迳成皋大伾山下——《尔雅》曰：山一成谓之伾。许慎、吕忱等并以为丘一成也。孔安国以为再成曰伾，亦或以为地名。非也。《尚书·禹贡》曰：过洛汭至大伾者也。郑康成曰：地肱也。沇出伾际矣。在河内修武、武德之界。济沑之水与荥播泽出入自此，然则大伾即是山矣。伾北即《经》所谓济水从北来注之者也。今沸水自温县入河，不于此也。""沇出伾际"，是指古济水入黄河之处在大伾山山根，而这个位置就在今武陟县北郭乡城子村，可见谭其骧《中国历史地图集》（西周时期）。

武陟出土商代青铜簋　　　　武陟出土商代青铜鼎

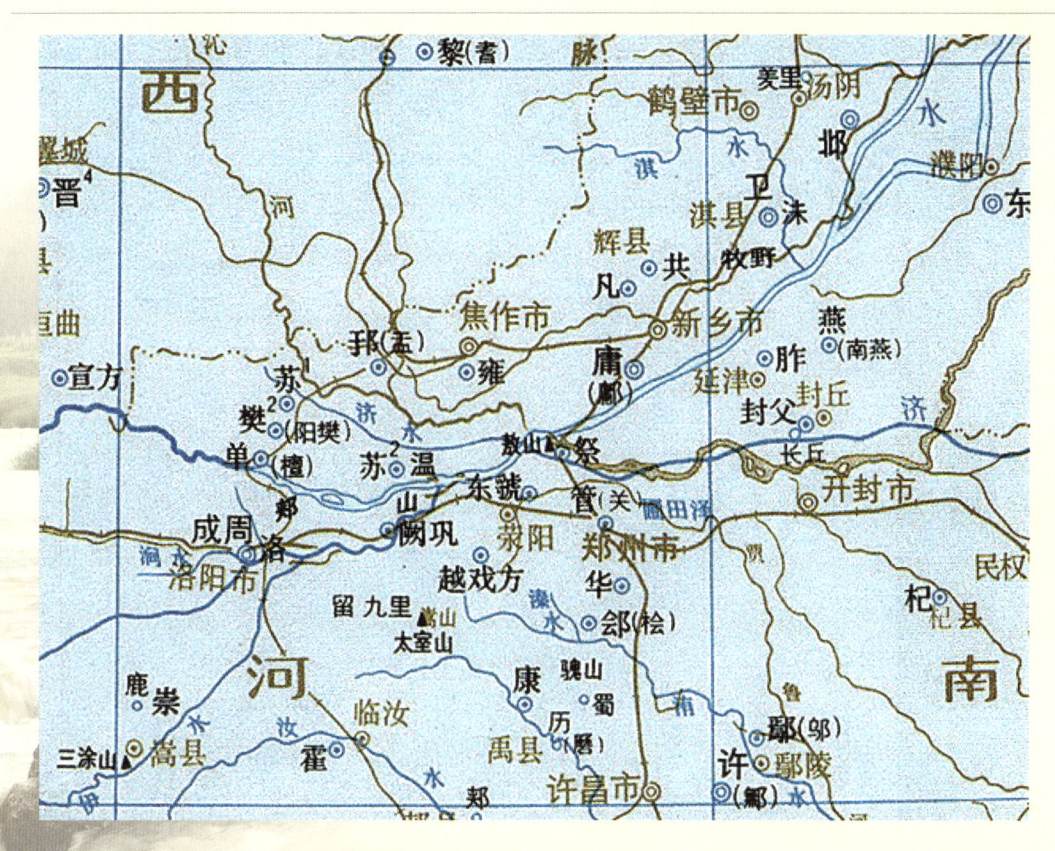

西周时期的济水入河位置（选自《中国历史地图集》）

夏桀残暴，成汤崛起灭夏建商，"商之兴也，梼杌次于丕山"（《国语·周语上》），丕山，即大伾山。司马迁在《史记》中说，成汤"始居亳，从先王居"，而成汤的先祖"契"，正是辅佐大禹治水的重要功臣。陈立柱在《亳在大伾说》一文中，将成汤之"亳"定位在大伾山。此后"盘庚渡河南，复居成汤之故居"，又曾以此为都。成汤的股肱重臣伊尹，死后亦"葬伊尹于亳"。武陟商村遗址，就坐落在古大伾山的位置上，遗址中有汤帝陵，帝陵周边环绕八王冢。这一切都说明，大伾山不仅为商之都城所在，亦为成汤之陵寝所在。《礼记》说"殷人尊神，率民以事神，先鬼而后礼"，因此先帝陵寝在商朝人心中的重要性不言而喻，所以在商村遗址发现人工堆土的遗迹以及其附近的汤王堤，即为保护都城和帝陵、防御黄河洪水所作。而且商朝人又非常重视祭祀，成汤建国不久，就发生了一场延续七年的大旱灾，于是成汤舍身祭天，"祷于桑林……雨乃大至"（《吕氏春秋·顺民》），堪称武陟祈雨文化的发端，由此亦可见武陟黄河祭祀文化之源远流长。2013年5月1日，商村遗址被公布为新一批国家重点文物保护单位。

时光荏苒，由于纣王无道，周武王起兵伐纣。当时的怀城，是黄河北岸交通要道，三军必经之地。根据《荀子》记载，武王大军"至怀而坏"，怀城城墙忽然崩塌。武王的弟弟霍叔十分惊惧，认为此乃不祥之兆，莫非上天不让起兵征伐商纣？这时武王的四弟周公出来说：纣王挖了忠臣比干的心，将箕子关进监狱，任用奸臣飞廉、恶来把持朝政，这有什么不可征讨的呢！于是武王信心大增，率三军于大伾山再过黄河，同盟山八百诸侯宣誓，牧野一战灭商立周。

因武王曾登大伾山指挥大军过河，所以隋朝于此设"武陟县"。《国语·周语上》又说"河竭而商亡"，可见其时黄河水竭，大军系涉水而过，故至宋金之际，武陟又名"武涉"，大约是"涉"字远比"陟"字好认，而字形相近、事皆关联。武陟因河而生，因河而名。

二、汉晋龙兴

经历了春秋战国时期的刀光剑影、腥风血雨，古老的怀邑迎来了秦始皇统一中国的全新时代。始皇二十六年（前221年），确立郡县制，于此置怀县。始皇二十八年，秦始皇东巡过怀县，见沁水清清，其北其东一带，大伾山断崖危耸，黄河之水贴山而行，原来的古河道已经地广平衍，适宜耕作，遂"自以武德定天下"，在此置武德县（治所在今木栾街道办事处大城村）。

秦末，楚汉争雄，怀县为兵家必争之地。汉高祖刘邦于高祖二年（前205年）三月，自临晋渡河，攻下河内，俘殷王司马卬，并置河内郡，治所怀县，辖怀、武德等十八县，西到今济源，东北到今林州。清代武陟文人申维岳曾有诗云："碧树烟濛插远崿，寒光屐齿蘸浮屠。听经鹤拱塔高下，探穴蛟潜舟有无。秦鹿三章归帝版，楚猴一炬失王俘。山河大定纡前策，剑指鸿沟列陈图。"与鸿沟隔河而望的怀县位置之重要性，不言而喻。

龙兴苑

司马迁在《史记》中说："唐人都河东，殷人都河内，周人都河南，夫三河在天下之中，若鼎足，王者所更居也，建国各数百千岁。"可见河内自有其王者气象，不仅因河而名，更因河而出名。其时之河内郡，农业、手工业都十分发达，并在怀县设置"工官"，而当时全国只有八个郡设置工官（其它七郡为河南郡荥阳县、颍川郡阳翟县、南阳郡宛县、济南郡东平陵县、泰山郡奉高县、广汉郡雒县、蜀郡成都县）。

王莽篡汉，曾将怀县更名为河内县，东汉仍复旧名。光武帝刘秀登基之前，就对新任命的河内太守寇恂说："河内完富，吾将因是而起。"将河内郡作为他成就霸业的战略基地。东汉建武元年（25年）六月，刘秀登基称帝，七月便进驻怀县，修建怀宫，祭拜先祖，调兵遣将，然后率大军一举攻下洛阳，奠定千秋伟业。对于自己的"龙兴之地"怀县，刘秀从未忘记，十月入洛阳，十一月就又驾临怀县，住了22天；建武二年，先后征伏隆、范升诣怀宫。此后在建武三年、四年、八年再幸怀县，而且每次住的时间都不低于20天，足见他对怀县的感情很不一般。刘秀的儿子明帝刘庄，首开皇家引进佛教入中原之先河，在京城洛阳建设白马寺的同时，也没忘在父亲魂牵梦萦的怀县城外建造妙乐塔和妙乐寺。明帝之子汉章帝刘炟，则在元和三年（86年）正月亲耕于怀，并下《耕怀诏》："方春，所过勿得有所杀伐。车可引辟，引辟之；骠马可辍解，辍解之。《诗》曰：'敦彼行苇，牛羊勿践履。'《礼》：'人君伐一草木不时，谓之不孝。'俗知顺人，莫知顺天。其明称朕意。"东汉末年，袁绍、曹操起兵讨伐董卓，曾屯兵河内。两汉魏晋既是怀县政治上最为显赫的一段时期，也是文化上大繁荣的一个时期。

刘秀

魏晋之际，"竹林七贤"开创一代玄风之先音，怀县山涛、向秀则占其二。山涛作为"七贤"团体的发起者，老成持重，进入仕途后政治上的成就远远大于文学方面。晋武帝曾多次下诏给山涛，劝他不要只想退隐，而要献力辅国，如："吾所共治化者，官人之职是也。方今风俗陵迟，人心进动，宜崇明好恶，镇以退让。山太常虽尚居谅暗，情在难夺，方今务殷，何得遂其志邪？

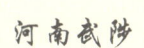

其以涛为吏部尚书。"此时山涛居丧在家，为让山涛返朝辅政，故要晋官加爵。又如："君以道德为世模表，况自先帝识君远意，吾将倚君以穆风俗，何乃欲舍远朝政，独高其志邪？吾之志怀，故不足以喻乎！何来言至恳切也。且当以时自力，深副至望，君不降志，朕不安席。"更表明山涛作为一代名流的强大号召力，作为道德楷模的巨大影响力。

而向秀则雅好老庄，与世无争。嵇康死后向秀应征到洛阳，司马昭便问："闻有箕山之志，何以在此？"向秀则回答："以为巢许狷介之士，未达尧心，岂足多慕。"于是"帝甚悦"，向秀也从黄门侍郎、散骑侍郎做到散骑常侍，然而向秀为官不从政，却将一门心思全用在为《庄子》作注上，只是没等将《庄子》注完，向秀就去世了。后来书稿落入郭象之手，郭象在向秀注的基础上补充阐发，便有了郭象版的《庄子注》，而向秀所注则基本散佚无存。正如颜延之《向常侍》诗所言："向秀甘淡泊，深心托毫素。探道好渊玄，观书

竹林七贤

鄙章句。交吕既鸿轩，攀嵇亦凤举。流连河里游，恻怆山阳赋。"向秀为纪念嵇康所作的《思旧赋》，情真意切，如泣如诉，哀婉迷离，愁绪万丈，当时无人能出其右，成为历代传颂的千古绝唱："将命适于远京兮，遂旋反而北徂。济黄河以泛舟兮，经山阳之旧居。瞻旷野之萧条兮，息余驾乎城隅。践二子之遗迹兮，历穷巷之空庐。叹《黍离》之愍周兮，悲《麦秀》于殷墟。惟追昔以怀今兮，心徘徊以踌躇。栋宇在而弗毁兮，形神逝其焉如。昔李斯之受罪兮，叹黄犬而长吟。悼嵇生之永辞兮，顾日影而弹琴。托运遇于领会兮，寄余命于寸阴。听鸣笛之慷慨兮，妙声绝而复寻。伫驾言其将迈兮，遂援翰以写心。"

曹魏取代东汉政权后，汉献帝刘协禅位被封为山阳公，其夫人、原皇后曹节为佛教圣地妙乐寺塔新安置了塔刹，而且还重修了寺院，这为佛教此后在这一地区大发展起到了巨大促进作用。西晋时潘岳的诗句"登城望郊甸，游目历朝寺"，就是对怀城外妙乐寺的生动写照。而怀县处于京城洛阳与曹魏根本之地邺城之间的中心位置，诸多名士在这里交集融会，文化交流与思想碰撞所产生的巨大影响是不言而喻的，怀县也因此成为当时中国的"第二个文化中心"（王晓毅《向秀评传》）。

自西汉以来，河内郡不仅文化发达，农业生产也空前发展，生产力水平不断提高。西晋太康三年（282年），大文学家潘岳来任怀县令，对怀县的风光曾有精彩描述："南陆迎修景，朱明送末垂。初伏起新节，隆暑方赫羲。朝想庆云兴，夕迟白日移。挥汗辞中宇，登城临清池。凉飙自远集，轻襟随风吹。灵圃耀华果，通衢列高椅。瓜瓞蔓长苞，姜芋纷广畦。稻栽肃芊芊，黍苗何离离……"足见那时就已广泛栽植水稻，得黄沁水之便利不小。这也说明，武陟黄河文化的整体发展达到了一个新的高度。

三、隋朝一统

东晋末年和南北朝时期战争频仍，由于怀县濒临黄河、沁水中穿的特殊位置，其军事战略地位日益凸显。东晋义熙十二年（416年），刘裕北伐后秦，因河内有北魏勇将于栗磾"筑垒于河上",于是写信请求假道西上,足见军事位置之重要。

射箭

沁水之战

北魏景明三年(502年),宣武帝元恪率文武群臣东巡邺城,返洛途中于十月十六日到达怀县。此时北魏政权迁都洛阳不过10年,元恪也亲政不久,急需立威于天下。因此,他就在怀城搞了一次别出心裁的射箭比赛,并亲自上场大展神技。说来也怪,元恪这一箭射的真是惊天地泣鬼神,竟然射出三百五十步,相当于现在的540余米。随即,元恪舅父、侍中高显挥毫写就《奏请勒铭射所》疏:"适才皇上亲自操弓试箭,于郊原上展示远射技艺,弓弦响处羽箭如电,一箭射出三百五十余步。皇上的圣武天之所赐,技艺入神禀赋自佳,就像《诗经·驺虞》里的猎手那样矫健,又如学宫里展示六艺一般精妙。威势震撼,虎犀为之屏息,才艺勇绝,悍敌也要服气,足以治理九州,宣威八方。如此盛事奇迹,怎能不加记述,因此请在此处立碑为铭,使圣艺永彰啊。"遂由辅国将军、散骑常侍高聪撰文,镇远将军、通直散骑常侍沈馥书丹,于怀城妙乐寺射箭之处勒碑铭记,这就是历史上著名的北魏宣武帝"御射之碑"。因为碑文中有"定鼎迁中之十载"一句,后世金石学家一般都称之为"定鼎碑"。

北周静帝大象二年(580年),隋国公杨坚辅政,相州总管尉迟迥起兵相抗。杨坚调关中兵以韦孝宽为元帅,讨伐尉迟迥。尉迟迥遣开府梁子康攻怀州，其子尉迟惇率众十万人入武德，大军布防于沁东二十余里。七月三十日，韦孝宽军进至永桥镇，在沁水以西扎营。适值沁水暴涨，两军隔水对峙。八月十七日，杨坚委派的监军高颖到达前线，遂令在沁水架桥准备发起进攻。尉迟惇军从上游放下火筏，企图焚桥；高颖命士卒在上游构筑水中障碍"土狗"，以阻火筏近桥。尉迟惇挥军稍退，欲待韦孝宽军半渡而击之；韦孝宽乘机擂鼓齐进，待全军渡毕，高颖又下令焚桥，以绝士卒反顾之心。孝宽军奋力猛攻，大败尉迟惇军。随后韦孝宽大军追至邺城，双方决战，尉迟迥兵败自杀。

沁水风光

　　武陟沁水之战成为中国军事谋略史上的著名战例之一。这次大战的胜利，为隋朝一统天下奠定了坚实基础。大战次年（581年），杨坚登基称帝，改国号隋，南北朝时代宣告结束。

永济渠

隋大业四年，隋炀帝用河北诸郡百余万民工，开凿了贯通全国南北的大运河北段永济渠，"引沁水南达于河，北通涿郡"。在武陟境内"沁水一支，自武陟小原村东北由红荆口经卫辉府凡六十里，入卫河"（《水部备考》），运河船只通过沁水向南进入黄河既可直达洛阳，更可经由通济渠通达江淮。这为当年北方漕运、远征高丽、稳固统治发挥了巨大作用，武陟重要交通枢纽的地位进一步得到加强。从当时的生产力水平和工程规模看，堪与今日的南水北调工程相媲美。

这一时期，武陟的文化中心地位进一步恢复。由于佛教"空"、"禅定"的理论与玄学"无"、"守一"的思潮相互补充，佛教思想与老庄玄学共同受到人们欢迎，满足了民众希望通过宗教得到精神慰藉的需要，随着社会思潮由玄学向佛学的转移，佛教进入了一个快速发展期。在武陟三阳乡牛庄村的灵雨寺内，就有一尊造于北齐天保四年（554年）的石佛像。而据民国《续武陟县志》记载，今北郭乡高余会村的崇宁寺内，有北魏孝庄帝永安年间（528—530年）比丘慧双造像；索余会村念定寺内，有北齐天保三年（553年）王景炽造像。隋文帝在位期间，曾于仁寿元年到四年间（601—604年）分三批大修舍利塔。《续高僧传》卷十五记载的高僧释灵润，即负责怀州建塔，"仁寿感瑞怀州造塔。有敕令往。"而且其"外祖吴超任怀州怀令"。作为杨坚"龙兴之地"的武陟妙乐寺塔自然不能遗忘,因而得以重建,为五级白色楼阁式木塔。唐代高僧释道世在《法苑珠林》中说:"怀州妙乐寺塔者,在州东武陟县西七里妙乐寺中。见有五级白浮图,塔方可十五步,并是侧石编砌,石长五尺阔三寸,以下鳞次茸之极细密,道俗目见咸惊讶其神鬼所造。其下不测其底,古老相传:塔从地涌出,下有大水。莫委真虚,有刺史疑僧滥饰,乃使人傍基掘下,至泉源犹不见其际。"同样建造于隋代的佛寺尼庵,还有二铺营的铁佛寺、宁郭的止庵等。

四、唐宋盛治

唐开元二十三年(735年),武陟县沿河的姚旗营、方陵、草亭、涧沟、解封、余会、阳召等沿河十八村划归新置的河阴县。新置河阴县,使黄河两岸政治、经济文化交流进一步加强,农业生产水平进一步提高,人民生活水平也得到进一步改善。如唐朝大诗人李商隐就在诗中赞美武陟油茶:"芳香滋补味津津,一瓯冲出安昌春。"展现了武陟独有的地方美食特色。

此后,武陟先后经历了宋、金、元等数个政权的更迭。这一时期,见于史书记载的黄河"河决"、"大水"就有十次,"沁河溢"达十三次。然而,这并未影响到武陟生产力的正常发展。

北宋时期,政局稳定,武陟的农业日益发达,田园风光随处可见。大文学家欧阳修在景祐元年(1034年)所作的《夏侯彦济武陟尉》中就有清晰的描述:"风烟地接怀,井邑富田垓。河近闻冰坼,山高见雨来。官闲同小隐,酒美足衔杯。好去东篱菊,迎霜正欲开。"同为文学家的梅尧臣也在《夏侯彦济武陟主簿》一诗中说:"怀县曾余往,风谣为尔知。寒先太行近,润接大河卑。宾酒栽公秫,晨羹剪露葵。簿书行正委,何似布衣时。"皆指出武陟最大的特点就是"河近"、"润接大河卑",这在古代是难得的水利条件,虽然难免有洪涝之害,但终究是害少利多,河水滋润着一方土地,百姓也得以安居乐业。因此,晁冲之在《行武陟田中》就表达了对武陟的喜爱:"惯习儿童喜,

武陟田陌赛江南

从容父老欢。桔槔看俯仰，稼穑愧艰难。荷叶生池岸，蒲萄落井干。求田如得此，当为驻征鞍。"武陟田园风光的醉人、迷人，尽透笔尖纸端。

北宋灭亡，金主中原。南宋绍兴十年（1140年），岳飞派梁兴率兵于武陟县南境渡黄河，联合太行山忠义军大败金兵于垣曲、沁水间，复置怀、卫二州，断太行道。后岳飞班师，所得尽失。理宗端平元年（1234年），南宋联合蒙古灭金后，时为帅司参议官的诗人刘克庄曾作《武涉道中》一诗，记述了那时的情景："一路荒凉极，无端过此频。官于盐起税，俗事蛊为神。暝色初逢驿，溪声只隔林。留题空满壁，不见有诗人。"在战火纷飞的年代，再好的地方，也会被折腾的面目全非，地荒人稀。

进入元朝，随着政局的稳定，武陟的生产力再次得到快速恢复，元代大儒金履祥在《尚书注》中说："覃怀……田皆腴美，俗称小江南。"而且此时怀庆路还是全真教活动的中心，而全真教对元皇室的影响力很大。作为全真七子之一的丹阳子马钰，就曾赠诗给武陟县衙的薛押司，嘱咐修真之道："猛悟心无火院担，麻衣体褂胜罗衫。保持清静无为理，精气神收宝结三。""火坑跳出没家担，坦荡襄衣胜著衫。云水内游蓬岛路，自然大药结成三。"（《赠武陟薛押司》）

道教

　　由唐迄元，仍是武陟佛教发展较快的一个时期。唐时，建有宁郭铁佛寺、福寿院、余会村念定寺、梨林村崇宁寺、吴仁村普明寺等。后周显德二年，在尚书右仆射符彦卿、宣徽院兵马使王廷矩、开国公宋彦筠等众多官员大力资助下，将妙乐寺塔重建为十三级密檐式砖塔。曾在怀州为官的安州判官、侍御史苏允平在建塔碑中对此做了详细记述："是造塔起八万四千，此土建一十九所，此塔是其一数也"；"自大周广顺三年癸丑岁兴工，至显德元年甲寅岁毕功。不越二载，建成此塔。塔身高一百尺，相轮高二十三尺，纵广相称，层层离地，岌岌耸空。虽不至于梵世，而已凌于云汉。上穿紫雾，傍惹绀烟，宝铎撼清风，金轮灿白日。亿人始睹，疑阿育之初兴；四众乍观，谓多宝之再现。由是信徒雾集，俗士云屯，懈怠者向此回心，追慕者于兹堕泪"。元时，大讲师修公和尚来寺讲

经达六年之久，后讲主善达奉旨前来住持，又翻盖殿堂，金妆佛像，建妙觉院一所，寺院面积达五十余亩，地产五顷有余，可谓盛极一时。

后周广顺二年在县东门外建法云寺，后周显德年间建小岩村禅安寺，宋建隆年间建县城白衣堂，宋天圣八年建圪垱店永庆寺，宋熙宁五年建水寨镇弥陀寺等。元时重修扩建的还有千村普济寺、马曲古槐寺等。

五、治黄重地

明代大文学家杨慎在武陟曾留下这样的诗句："风急毳裘轻，关河向晚程。星从鸦背出，月傍马头生。雪店悬灯影，寒谯送角声。乡园知日远，夜夜梦瑶京。"后七子领袖王世贞也在途经武陟时写道："阴沟清泚复弯环，桃李成阴桑柘间。道是江南好风景，举头如戟太行山。""夹溪修竹带青葱，便拟移家住此中。却忆乡园浑未乏，不知何事厌江东。"美丽武陟，令人神往，然而这时的武陟，却已是饱受黄沁两河水患的困扰了。

黄河堤防大坝

明宣德年间，沁水决马曲湾，从获嘉到新乡水深成河。道光《武陟县志》记载："宣德八年，沁水溢，明年筑马曲湾堤，从新乡县知县许宣所请，令怀庆府督工，坚筑马曲堤岸。"天顺七年（1462年），"河自武陟徙入原武，而获嘉之流塞。"（乾隆《怀庆府志》）自此，黄河在武陟折向东北流的历史彻底结束。景泰年间，徐有贞治理沙湾决口，治渠建闸，从张秋以西接至河、沁，黄、沁并治，已是大势所趋。弘治六年，刘大夏治河，特意留下沁河口到詹店一段十八里缺口，以备宣泄洪水。弘治十一年，河南管河副使张鼐又请"于上源武陟木栾店别凿一渠，下接荆隆口旧河"，接济徐、吕二洪，保障运河畅通。

大堤晚照

明万历十五年，沁河在木栾店莲花池、金屺垱决口，新乡、获嘉尽被淹没。万历十六年，总河潘季驯请筑沁河石堤。他在《申明河南修守疏》中说："查得沁河发源于沁州绵山，穿太行达济源，至武陟县而与黄河合，其湍急之势不下黄河。两河交并，其势益甚，而武陟县之莲花池、金圪垱最其冲射要害处也！去岁沁从此决，新乡、获嘉一带俱为鱼鳖，今幸堵塞，筑有埽坝矣！但系浮沙，恐难久恃，且坝内有商民辏集之处，烟爨不下千余，

以堤为命，关系不小。查得最险之处，仅四百三十五丈，氅之以石，方为可久，况每岁修费亦不赀，积之数年，与石何异？何惮而不为耶？已行该道查估，随守随筑，迟以三年之久，必可竣事，此堤一成，百年永赖矣！伏乞圣裁。"万历十八年，沁河暴涨，河水改由木栾店向南自南贾入黄河，自此形成现今的沁河入黄口。

清康熙、雍正直到嘉庆年间，黄河在武陟境内的马营、詹店等处多次决口，直逼华北，威胁京畿，成为清政府心腹大患。因此才有了雍正治河堵口修御坝，亲笔勒建嘉应观；更有陈鹏年尽瘁河防、嵇曾筠驻扎武陟等诸多故事。武陟与黄河的联系更加紧密，地位也不断攀升。清政府不仅在嘉应观设立河道总督衙门，还于雍正五年（1727年）设彰、卫、怀分守兵备道，兼管河道，驻武陟。乾隆六年（1741年）设河北道，仍驻武陟，直到民国三年（1914年）才移驻汲县。这一时期的武陟，虽然不是府治所在，但河道总督、河北道等在此地的长期驻扎，却让武陟的实际政治地位反而高于府治。

由于当时的武陟县城地势低洼，而黄、沁又频繁决溢，受水灾困扰特甚。诗人邢伊在《沁堤望南乡水灾》中就记述了此番景象："凉波直接楚江秋，望尽长空一塔浮。日暮西风拥浪黑，数星渔火是怀州。"因此道光五年（1825年），河南巡抚程祖洛上《奏请移建武陟城垣折》，称"黄河河身已渐淤高，沁流即不能畅"，而武陟城楼尚低于堤岸，如同锅底，一遇大水，岌岌可危；且每年为抢护河工，花费惊人，因此建议将武陟城移至沁河北岸之岳庄。移城后，沁南可由河水自然垫淤，稳固河形。朝廷虽回复"查看情形，确议章程"，但最后却无果而终。

六、共筑梦想

明清以降，随着黄、沁河道淤积抬高，武陟境内的河防显得日益重要，成为关系国运命脉的要害。1938年4月，国民党中常委陈果夫就曾向蒋介石建议："我如能取得武陟等县死守，则随时皆可以水反攻制敌。盖沁河口附近黄河北岸地势低下，敌在下游南岸任何地点决堤，只须将沁河口附近北堤决开，全部

中国民间文艺之乡

中国黄河文化之乡

河南武陟

河南武陟

第二章 武陟的历史与黄河

武陟黄河大桥

黄水即可北趋彰卫。则我之大厄可解，而敌反居危地。"欲利用黄河"悬河"特征为抗战服务。

　　新中国成立后，党和政府对黄沁河防高度重视。1951年，由当时的新乡专区组织武陟、博爱、修武、延津等七县民工17万余人，对黄沁北岸大堤进行了大复堤，此后又进行两次大复堤。国家实施改革开放政策以来又进行了标准化堤防建设，武陟境内黄沁安澜，再未决口。1981年3月至1982年7月实施的沁河杨庄改道工程，将县城以西沁河折弯处的卡脖子河道由330米扩宽为新河道的800米，消除了壅水威胁，当年的老县城（老城村）也因此全部搬迁，一百多年前的治水设想至此成真。工程刚刚竣工，就发生了4000多立方每秒的大洪水，其时浊浪滔滔，排空而来，涡猛流急，惊心动魄，足见改道决策的英明远见。

　　三十余年过去，而今沁河两岸静谧秀丽的田园风光，用清道光年间长洲人彭凤高的一首《武陟道中》来形容再恰当不过："环堤垂柳尚含烟，秋尽覃怀十月天。暝色围村人不见，雁声如橹沁河边。"

毛主席视察黄河休息室

武陟河务一局

  1951年3月破土修建的人民胜利渠，是黄河下游第一个大型水利工程，结束了"黄河九曲唯富一套"的历史。1952年10月31日，毛泽东主席视察人民胜利渠，亲手摇动闸门，滚滚黄河水流入华北平原，灌溉武陟、获嘉、新乡等七县市88万亩农田，开启了人民治黄兴利的全新时代。1999年6月20日，江泽民总书记视察了嘉应观和人民胜利渠，再一次体现了国家领导人对黄河水利事业的高度关注。1957年至1958年，在武陟境内开挖了共产主义渠，郭沫若亲题"共产主义闸"。围绕治河用河，武陟县与河务有关的机构就有河务一局、河务二局、黄河工程局、人民胜利渠渠首管理局、武（陟）嘉（获嘉）灌溉管理局、张菜园闸管理处等，机构之众多，为它处所少见。

  纵观武陟历史，无论是过去和现在，都与黄河息息相关。黄河在武陟，沉淀成武陟人厚德、包容的品格；黄河在武陟，孕育了武陟人笃行、进取的精神。今天，京广铁路大桥、焦郑城际铁路大桥、桃花峪黄河大桥和武惠、武荣黄河浮桥等，已经全方位、立体化地将武陟与省会郑州连为一体，从此天堑通途，黄河南北经济文化交流将迈上一个新的高峰。在实现"中国梦"的道路上，武陟人一定会以勇往直前的黄河气势、澎湃激昂的黄河情怀，把"黄河之乡"建设的更加美丽、更加和谐、更加宜居，创造出无愧于时代的辉煌乐章！

水利是农业的命脉

第三章
黄河文化与遗存

武陟在古代地处黄河文明的核心地带，曾创造出辉煌的古代文明。又由于它处于黄河中下游的分界点，"悬河头，百川口"，多少年来这里一直是人们治理黄河的关键要地。在治理黄河的过程中，劳动人民汗水凝结成治理黄河的经验和智慧，同时也形成了丰富而独特的黄河文化。

黄河，是中华民族的母亲河，她养育了华夏儿女，孕育了灿烂的黄河文化。但她又以其自然破坏力给人民带来了灾难和不幸。人民在利用黄河、改造黄河，与大自然斗争的宏伟经历中，敬畏黄河，崇拜黄河，祈福黄河，形成了有形的、具体的，以治理黄河和祭祀黄河为主要内容的典型的黄河文化，影响着社会的政治、经济、思想等各个方面。

武陟处在黄河中下游的分界点，古称"悬河头，百川口"，地理位置非常重要。从黄帝、颛顼、帝喾、唐尧、虞舜时代起，属于中华民族的黄河文明开始生发，夏、商、周三代丰富发展了黄河文明，武陟一直处于黄河文明的核心地带。武陟黄河文化在黄河发展史上具有举足轻重的地位。自古黄河多泛滥，

沁河入黄口

河南武陟

黄河中下游分界碑

三年两决口之地在武陟，俗有"豆腐腰"之称。人们在与黄河的斗争中，留下了诸多历史遗迹、故事传说和风俗习惯。这些活着的历史、文化和习俗，承载着黄河的记忆，见证了黄河人的精神。

武陟黄河文化既有代表性，又有独特性。它体现了中国黄河文化的内涵和实质，是中国黄河文化的缩影和记载。一部武陟发展史，半部黄河变迁图。黄河文化在人民群众的生活中留下了深深的烙印，已经渗透到社会生活的方方面面，各个角落。尧帝治水、邢人作丘、大禹"覃怀致功"、商汤王筑堤、青龙宫、嘉应观、人民胜利渠、黄河号子、盘鼓、二股弦、祈雨习俗等，物质的和非物质的文化遗产，都印证着武陟黄河文化深厚的历史积淀。研究黄河文化，离不开武陟。

一、古代的黄河文化

禹河故道始从武陟　武陟处在黄河中下游分界点，黄河变迁、黄河治理的研究离不开武陟。《山海经》、《禹贡》、《汉书地理志》对黄河河道经过武陟都有记载。郦道元所注《水经》记载黄河的流路为："又东过荥阳县北蒗荡渠出

第三章　黄河文化与遗存

051

焉。又东北,过武德县东,沁水从之。又东,过燕县北,淇水自北来注之。"清末民初的杨守敬在《水经注疏》中指出:"武德东至酸枣百余里,卷县在其间。郦氏上叙河南汴渠,因类叙卷县及县附近古迹,已出武德之下酸枣境,至此就《经》文释武德县,故不复言河水迳县,而以自武德东至酸枣一笔联合之。"

中国科学院地质与地球物理研究所研究员周昆叔在《黄水黄河之辩》中,提出"武陟县城南至黄河之间"先秦时期为山谷地带:"武陟谷地西侧有孟州、温县台地,东侧有原阳台地,武陟谷地为古河水东流折向东北流的地点。"

据1993年版武陟县志,武陟有两处岗地。一是从温县界至沁河口沿黄河一线,有高出地面2至7米的青风岭岗地;二是从今县城北面沁河折南处的孙庄起,沿着武陟与修武交界一线,大体为东西走向的郇封岭岗地,至县界附近折向东北,一直延伸至获嘉县照镜镇。在武陟谷地没有淤积抬升的情况下,青风岭、郇封岭应当是两处丘陵山地,自然状态下的黄河无法越过。

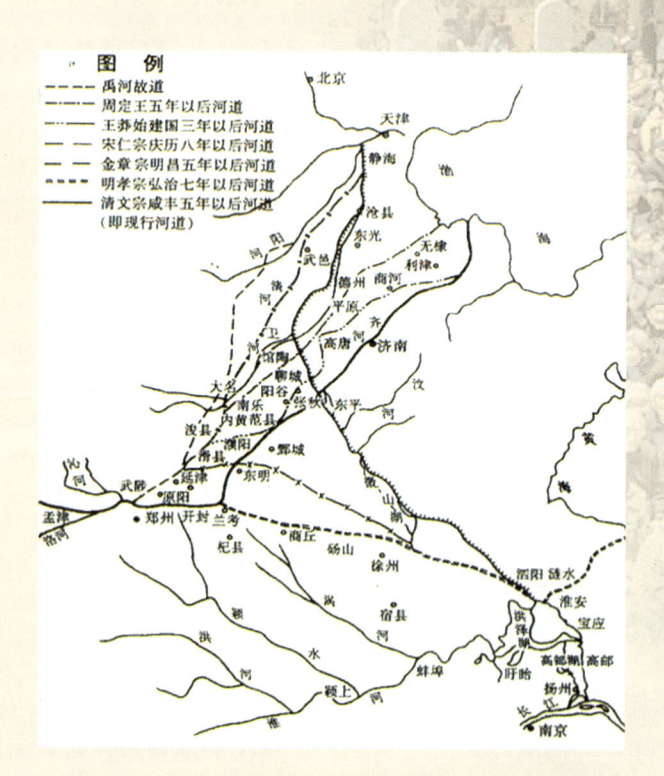

历史上黄河大变迁示意图(选自《黄河三角洲文化概要》)

河南武陟

古阳堤

古阳堤村落穆陵关碑刻 　　　　　　古阳堤村落大城村

第三章　黄河文化与遗存

武陟县城西、黄沁河相交这一带，现在沁南滞洪区的一块地方，在相当长的历史时期内是高于黄、沁河的地带，其南侧就是沿黄河的青风岭岗地。这里有武陟赵庄、草亭、怀城等众多龙山文化遗址。

据黄河文化研究专家考证，《禹贡》大伾山位于今武陟、获嘉交界处。武陟商村汤帝陵是其遗址。武陟圪垱店、岗头一线岗地，是历史上丘陵山地遗迹，而非黄、沁河淤积所致。古黄河河道在武陟县城以东、郇封岭以南、武陟商村以西、今黄河以北这一区域内，圪垱店西北与东南两侧为不同历史时期的古黄河故道。武陟最古老的堤防古阳堤，也可以佐证古黄河的流路。在今武陟县东中心线上，有一条古村落带：木栾店、马曲、大城、圪垱店、商村、邸阁。其中，木栾店的历史可追溯到秦代的穆陵关，大城则是秦始皇所封武德县的治所，而邸阁的村名来源于北魏时在此地设立的邸阁仓。这条村落带正好位于今黄河下游左岸最古老的堤防古阳堤一线。后因沁河成为地上河决口频繁，古阳堤从圪垱店起方向西南，改向正西接至木栾店沁河堤上，使沁河的下首河道成为黄河河道的一部分。

黄河在中上游河水湍急，少有河堤；自武陟起河堤绵延直到入海，千里长堤，起点武陟。武陟地处黄土高原区到平原区交会处，黄河由高原入平原，其地貌特征变化最为明显，是谓标识。悬河，是黄河不同于世界上其他大河的根本特征。黄河下游呈"地上悬河"从武陟开始。《尔雅•释水》中说："河出昆仑，色白，所渠千七百一川，色黄。"是说黄河本来水清，数千里奔腾，纳支流一千七百多条，裹挟泥沙后变得浑浊了。上千条支流，给黄河输入了活力和生机。可是，在一千条支流中，最后一条大支流——沁河，在武陟"定船帮"入黄河。千多支流，结于武陟。

悬河图　　　　　　　　　　　　　　　　　复堤图

黄河改道始于武陟　　历史上，黄河下游河道变迁，次数频繁，流路紊乱，波及广泛地域。一是前2278年至前206年，《山海经》、《汉书•地理志》、《水经注》等书记载，黄河水流禹河故道，从武陟折北，沿新乡、邯郸、邢台，过大陆泽，由天津入渤海。二是春秋战国至北宋末年，《山海经》中的

《北山经·北次三经》、《汉书·地理志》、《水经》等书记载，黄河从武陟"折北而流"，直到入海。三是从金元至明嘉靖后期，黄河在武陟以下"分成数段"，直到入海。四是明嘉靖后期至清咸丰四年(1854年)，《河防志》等记载，可以知道当时的黄河从武陟以下"折南而流"，过兰考、徐州、淮安汇淮入海。五是清咸丰五年以后，《河防志》《豫河志》史籍记载，如今的黄河下游河道，基本是旧时济水河道，黄河下游之山东沿黄地市中多有"济"字，如"济宁""济南"等。黄河转折，仍在武陟。

黄河下游洪泛区（选自《黄河改道图册》）

因地理位置、地理环境特殊，武陟对于"三年两决口，百年一改道"的黄河来说，意义非同寻常。黄河大大小小的决口在武陟境内占了相当大比重。粗略统计，从前602年至1938年的2540年中，黄河决口1549次，平均3年2次决口在武陟。

历史上黄河下游曾"播九河"。武陟像折扇扇骨轴子，以它为圆心，黄河分流呈一把打开的折扇形，千百年来迁徙中留下的黄河故道，就像一片片扇骨。连接、支撑扇面扇骨的轴子、支点正是武陟。一条汹涌大河历经多次改道，总以一个地方为基点、为起点，这就是武陟。

二、特有的治黄文化

治黄历史始于武陟，功于武陟　远古尧帝治水武陟。《史记》讲"放勋治陶唐而为尧帝"。放勋是帝喾帝的次子，被继承王位的哥哥挚放黜到"陶唐"。放勋在陶唐治理水患，发展农耕，获得人民拥护。大臣们废黜挚，迎接放勋为王，开创了历史上"三代圣君"尧舜禹时代。武陟是农耕文明的发祥地之一。武陟至今也是全国农业单位产量最高的地区之一。武陟驾部村有尧帝庙、陶唐祠、尧街。武陟有"尧堤"。1981年，北京大学考古学教授、夏商周断代专家组组长邹衡带着学生张力等5人，在武陟大司马村发现了全国最大的仰韶文化遗址（40000平方米），出土了无数文物。大司马村南邻唐郭、北接陶地，有十余个陶村。所以这里叫"陶唐"。邹衡定位大司马遗址为"陶唐遗址"。

尧帝庙碑刻　　　　　　　尧帝像

"邢人作丘"之邢庄　　　　　　　　　　　　　　　大禹像

其次,邢人作丘在武陟。"邢人作丘"是指远古时期人们在洪水来临时"共工筑台"形成的避水台。这是人们开始与洪水斗争最早的记载。《竹书纪年》《韩诗外传》说武王伐纣,"改邢丘为怀,改宁为修武",怀就是武陟。在姓氏起源上,邢、耿同源,邢字古音读"耿",后人分成两支。武陟有邢庄、耿村。商代"祖乙迁邢",武陟成为商代古都之一,留存有商王庙、九座商王坟陵,出土有祖乙鼎、罍、斝等全套"国之重器"。

第三,大禹治水功于武陟。《尚书 大禹谟》说大禹治水,"覃怀厎绩,达于衡漳。""覃"字古通"潭",大禹让黄河从武陟向北,走到衡水与漳河、海河。《史记》记载大禹治水"覃怀致功"有三种解释,要么是大禹治水到覃怀(武陟)时,取得了巨大成功,建立了巨大功勋;要么是大禹治水到达覃怀,发动了决定性、标志性、总结性的治水战役,这是一场即将获得胜利前的"硬仗",是一块在所有治水战役中的"硬骨头",禹带领部族"啃"下了它;要么是大禹在覃怀治黄时,领导部族开启了一个庞大动土工程——这个巨大工程,

第三章 黄河文化与遗存

057

汤王堤遗址

商代遗址

即"河道平复疏浚工程"。这个巨大动土工程，从覃怀起一直到衡漳。以上无论哪种解释都说明禹王治水，建功武陟。从大禹开始，武陟就是国家治理黄河的关键所在。

第四，商王治水留名武陟。商汤王是帝喾之子契的14世孙，姓子，名履，又称武汤、武王、天乙、成汤。甲骨文作唐、太乙，一称高祖乙。夏朝末年他成为商族首领，爱护百姓，施行仁政，国力渐强。汤王登基即遇7年大旱，于是祈雨，云行雨施后竟是几年洪水滔滔，及至决口。汤王带领民众堵口，身先士卒跳进水里，大臣、民工也纷纷入水堵口，直到决口处筑成新堤。民众为纪念汤王，就把这段新堤叫"汤王堤"，堤边的村子叫"汤王堤村"，即现今武陟县圪垱店乡汤王堤村。此村与周边的商村、邢庄村、耿庄村，从正史上查考，至少可追溯到宋代以前。村子附近有"汤陵"，共九个商代墓葬，汤陵边上有"商王庙"，庙中有明、元、宋碑，上述村子古碑上也有记载。

第五，隋唐大运河永济渠始于武陟。永济渠从武陟小岩村引沁河水，流向东北，在获嘉县红荆口与卫河连通，全长22.5公里。在沟通南北物资交流、隋朝对东北和高丽用兵起了重要作用，是中华民族的宝贵遗产。明代《水部备考》对永济渠走向有准确、详细的描述，武陟、获嘉县志都有记载。

"要把黄河的事情办好"的实践 新中国成立后，党中央高度重视黄河治理工作，毛泽东提出了"要把黄河的事情办好"的伟大号召，武陟境内的人民胜利渠，揭开了开发利用黄河水沙资源的序幕，结束了"黄河百害、惟富一套"的历史。

隋唐大运河示意图（选自《中国历史地图册》）

人民胜利渠灌区工程于1949年提出，1950年规划设计，同年10月经政务院批准兴建。1951年3月开工修建，1952年3月第一期工程即渠首闸建成，同年4月举行开闸放水典礼，10月31日毛泽东主席亲临灌区视察，并亲手摇开了渠首1孔闸门，滚滚黄河水流入总干渠。灌区工程于1953年8月全面竣工。1999年6月20日，江泽民总书记到渠首视察，亲手摇启毛主席当年摇过的那孔闸门，并题字留念。人民胜利渠留下了两代国家领导人的足迹。

人民胜利渠渠首

　　第一任水利部部长傅作义在新中国第一个引黄灌溉工程——人民胜利渠建设期间，和中国及苏联专家多次来到武陟视察指导，当时就在嘉应观的后院里办公居住。

　　傅作义生在黄河之滨，傅家世代务农，耕种黄河滩地。青少年时期家乡的黄河泛滥灾害，在他的心中留下了许多苦难记忆，主政绥远时，对水患感受更深。当上水利部长后，他认为这是实现自己多年追求的"为民造福"夙愿的绝好机会。他每年都用大量时间深入各大中型水利、电力工地调查研究，检查指导，从南方的珠江到北方的松花江，以至天山南北，无不留下他的足迹。1957

河南武陟

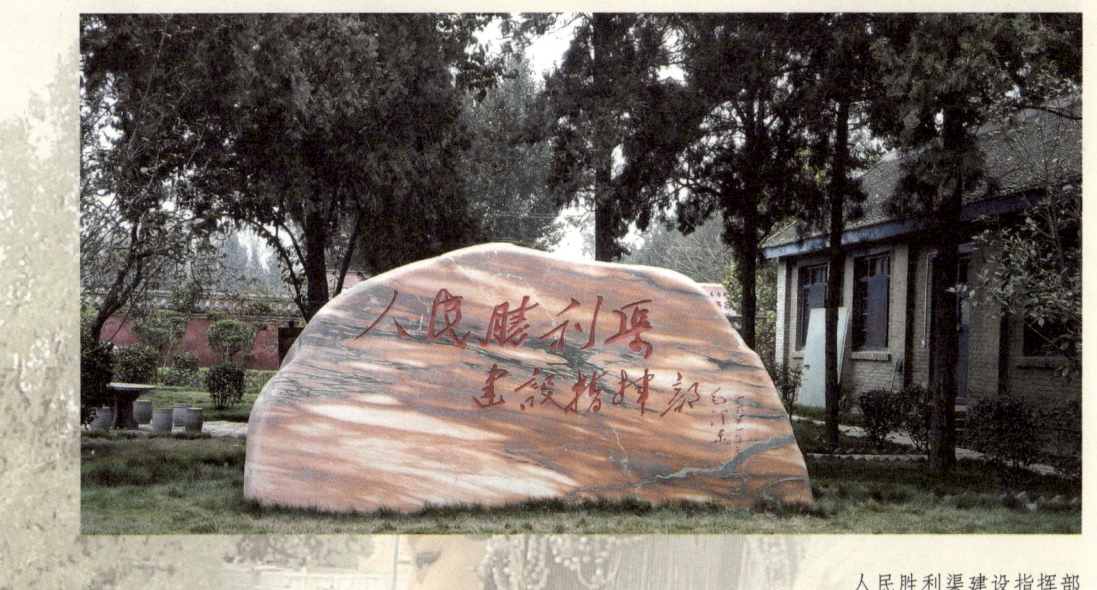

人民胜利渠建设指挥部

傅作义治黄办公室

第三章 黄河文化与遗存

061

年夏天，他参加三门峡水电枢纽工程开工典礼后，冒着酷暑沿黄河视察。有时晚上就露宿在黄河滩上，在他20多年部长任内，为新中国水电事业的发展做出了重要贡献。

渠首闸位于京广铁路黄河铁路桥上游北岸1.5公里处的秦厂大坝上。人民胜利渠是中华人民共和国成立后的第一座引黄灌溉工程，总干渠从嘉应观西侧淌过，也是黄河第一处自流引黄水渠。几十年来，该渠从不淤积。这是因为当时的落差计算精确，创造了自然清淤条件。渠首闸设计引水流量60立方米/秒，加大流量85立方米/秒；灌区控制总面积1486.84平方公里。主要浇灌新乡、焦作、安阳9个县（市、区）47个乡（镇）的9.9万公顷土地，其中自流灌溉面积5.9万公顷，还承担着向新乡市城市供水的任务，同时向鹤壁、河北、天津等地送水。

开灌至今，灌区共引水303.22亿立方米，其中农业用水174.4亿立方米，新乡市城市用水9.5亿立方米，济卫72.71亿立方米（含向天津送水11亿立方米），补源46.61亿立方米。粗略估算，工农业创效益水利分摊值达115亿多元。

宏大的堤防工程　黄河堤防位居我国诸多堤防之首，黄河中下游堤防中的临黄堤全长1300公里，是黄河中下游防洪工程体系的主要组成部分。黄河中下游河道是一条地上河，历史上两岸河堤多次决口，黄河改道最北边经海河出大沽口，最南边经淮河入长江，泛滥区域达25万平方公里。按现在的地形地貌状

河南武陟

人民胜利渠远景

第三章 黄河文化与遗存

063

百里长堤花似海

况，黄河大堤的保护范围为12万平方公里。黄河堤防远在春秋中期已逐步形成，到了战国时期黄河中下游堤防已具有相当规模。明代，堤防工程的施工、管理和防守技术都达到相当高的水平。1949年以来，黄河大堤工程在修、防、管方面都有了很大发展，科学水平技术有了很大提高。在工程方面，逐渐由人力施工发展为机械化施工；在管理方面，开始由专管与群管相结合的管理模式发展为以专管为主、群管为辅的管理模式。现在武陟有直接隶属于国家黄委会的河务一局和河务二局，以及黄河工程局、武嘉局、渠首管理处等诸多水利管理机构。人民治黄以来，进行了黄、沁河3次大复堤，使此段堤防得到全面加强。黄河北岸标准化堤防建设日趋完工，建设与管理并重，堤防设施更趋完善。特别是1998年以后，随着国家投资力度加大和工程技术的改进，黄、沁河治理出现了飞跃式发展。黄、沁河堤顶路面进行了硬化，临河建设了防浪林，淤背区种植了生态林。黄委会主任李国英称赞武陟黄河堤防建设"走在了黄河标准化堤防建设的前列，扛起了黄河标准化建设的旗帜。"平坦的柏油堤顶路面，翠带般的堤口风景树，堤肩上造型别致的花坛，爬满堤坡的如毯绿草，淤背区绵延的林带，整齐的绿化苗木……使人们生出"人在堤上走，如同画中游"的感慨。

黄河标准大堤

三、多样的祭祀文化

古代祭祀活动 武陟祭祀文化由来已久。商代对此已有文字记载。邢人作丘在武陟，商代"祖乙迁邢"在武陟，商都也在武陟。武陟商村遗址有商王庙和九座商王坟墓，出土大量文物。20世纪60年代商村遗址定为省级文物保护单位，现已经是国家级文物保护单位。武陟作为商代都城之一，又是商王朝的祭祀地。国家春秋大祭规模宏大，六畜九鼎，黄钟大吕，编钟玉磬，跳"八佾之舞"（六十四人分八排起舞，天子八佾，是最高级别，诸侯王公依次递减，平民二人，僭越即死罪）。"天子一呼，百兽率舞"。百兽率舞，就是百姓用自己猎获的野兽飞禽的皮毛、鸟羽装扮起来跳舞，参加"化妆舞会"的百姓往往上万人，称"万民起舞"。

西周，武王封九弟珅叔于毛国，在今武陟。珅叔改名毛伯郑，是毛氏始祖，武陟是毛氏起源地，也是《诗经》传承人毛亨、毛苌的故乡，今世所见《诗经》都是"毛诗"。邢国是周公旦后人封地，怀邑是苏忿生的食邑。而周礼是周公、召公、苏忿生执政时期制定推广的。武陟的民俗礼仪是直接传承于周公、《诗经》，许多风俗来源于商周。祭祀文化则直接遵从礼记的体例，根据祭祀人身份贵贱、地位高低等执行。祭祀文庙、关帝庙的祭礼议程有硬性规范，所告事由不同可以变通，但请神灵、颂圣灵、献祭和贡献祭品、祭祀用语，县志记载有一定的规范，明定范文，不得舛错。

民间祭祀活动 家庙祭祀祖先，由族谱中先人的功名地位定规格，当然，也要看后人的社会地位和经济实力。武陟毛家出过毛树棠、毛昶熙，安家出过镇守辽阳总兵，周家出过镇压白狼且敢于和袁世凯抗衡的周怀深。这些人家家祭都比较隆重。

下面是武陟三阳乡西尚村刘家祭祖的有关资料和图片。

武陟庙会、祭祀都少不了"故事"，即民间艺术表演，如高跷、旱船、盘鼓、抬鼓、武术表演等等。这些故事多起源于两汉。民间艺术加入庙堂祭祀，既增加了娱乐气氛，又具有抑恶扬善的精神内涵，所以长年不衰。

民间也有很多对黄河水神的祭祀，具体方式、时间、场合，甚为繁杂，地方差异也很大。

西尚村刘氏祭祖现场

参祭刘氏后裔

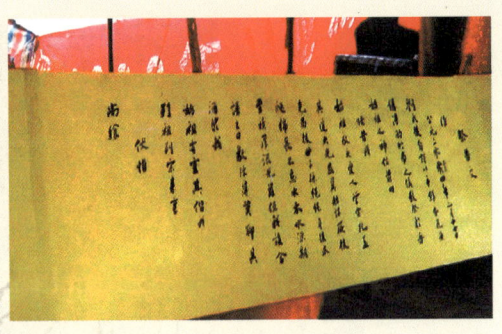

祭祖仪式规程　　　　　　　　　　　　呈祭文

旧时的较大型大王庙多有庙会。例如，武陟嘉应观每年农历九月十七日（俗传为"金龙四大王"谢绪生日），腊月十四日（俗传为"黄大王"黄守才生日），都有盛大庙会。期间香火缭绕，人声鼎沸，十分热闹。大司马村神庙多，旧时庙会每年从农历四月八日开始，连续三天，请戏班在庙前的戏楼上演出。相传最兴盛时有三班戏同时上演，方圆百里的人都来拜神看戏。

武陟沿河地方旧时有风俗，每年除夕，船主牵羊担酒，到嘉应观和各处的大王庙烧香献羊。上香叩首后，将头缠红绫的羊牵到供桌前，用热酒浇洒羊背，若浇酒时羊身抖动，表示河大王已"领羊"。第一次浇洒羊身不动，船主必再次祈求，叩首，再浇热酒于羊背上，直到羊身抖动为止。然后牵羊回家宰杀，大年初一五更抬羊至大王庙上供。

许多地方的船工在船上、家中供奉河大王。在船上供神的神位设在家长（船主）起卧的中舱内。大船设泥塑像，一般船只置画像或书写神位。定时的祭祀是农历每月的初一与十五。清代沈谆彝（1770—1833年）作《黄河饲》诗："河神高向板间书，香火曾无一日虚。忽听船头喧爆竹，始知今是月之初。"诗后有注："舱板上粘写神位，朔望必敬。"描写逼真。

旧时武陟沿黄地方航船装货完毕（俗称"重船"），启航之前船主向大王爷叩头、烧香、放河鞭（燃放鞭炮），祈求保佑。航行顺利完成，船主和船工一起兑钱，买一只大羊牵到船上，向大王爷献礼，也用浇洒热酒于羊背上的方式，请大王爷"领羊"后宰杀，滴洒羊血绕船一周，敬谢大王爷。

第三章　黄河文化与遗存

067

河大王供坛

在沁河入黄河处，当地人都叫两河口，也叫沁河入黄处。货船由沁河进入黄河的地方就在这里，到两河口将入黄河之前敬神许愿。以碗盛水，杀公鸡将血滴入碗内，由艄公持碗立船头洒血于河中，烧大香（盘锚链一炷香），发黄裱（纸），放鞭炮，艄公祷祝："金龙四大王，路将军，保护俺一路平安！回来敬神。"安全航行返回木栾店，重新摆供、杀鸡、磕头，这是还愿。若出了事故，返回就不祭祀了，这就是俗话说的"出事不敬神"。

从前武陟境内船工有一种习俗是：船行到险要处，乞求"河大王"保佑，放鞭炮，叩首，往河中投香，投黄裱纸，俗称"漂香纸"。还有的地方，船主和常年跑船的船工，家中都设神位供奉河大王。俗传"大王爷的眼总是挤（闭）着的"，大王爷睁眼便会有灾。因此有民谣唱道："卖了刮金板（田地），置个水上漂（船），大王睁了眼，只落一张篙。"

此外还有如船泊岸，到大王庙烧纸烧香；洪水到来到大王庙许愿，洪水过后还愿唱戏酬神等，所在皆有。

[附]：祭祀河神仪式

参与者：司仪，主祭人，陪祭甲、乙，还有一般参与人

司仪：祭祀开始，鸣炮奏乐！（鸣炮、奏乐）

主祭人就位！（主祭人上前一步）

陪祭人就位！（陪祭人甲、乙上前一步，站于主祭人两侧）

参神！（主祭人、陪祭人向神主作揖、鞠躬）

上香！（陪祭人拿香点燃，转交给主祭人，主祭人举香三拜，把香插于香炉里）

跪！（全体参加祭祀仪式的人都跪倒于地）

叩首！（全体叩三个头）

献酒！（陪祭人甲将酒瓶里的酒倒到酒杯里。递于主祭人）

初献酒！（主祭人将酒往上举过头顶落下）

初进酒！（陪祭人乙把主祭人手中的酒接过来放在香炉前的供桌上）

叩首！（全体三叩首）

再献酒！（同初献酒）

再进酒！（同初进酒）

三献酒！（同初献酒）

三进酒！（同初进酒）

献肴馔！（同初献酒）

进肴馔！（同初进酒）

献帛！（陪祭人将大金、锡箔放进火盆里）

起兴！（全体起立）

跪！（全体跪下）

呈祭文！（陪祭人甲呈祭文于主祭人面前）

开卷！（陪祭人甲、乙将祭文打开）

读祭文！（主祭人宣读祭文）

合卷！（陪祭人甲、乙将祭文合在一起，陪祭人乙将祭文放于火盆里）

叩首！（全体三叩首）

初酹酒！（陪祭人甲将供桌上的酒端起来递于主祭人）

初奠酒！（主祭人将酒浇在地上。陪祭人乙接住酒杯放回原来的位置）

再酹酒！（同初酹酒）

再奠酒！（同初奠酒）

三酹酒！（同初酹酒）

三奠酒！（同初奠酒）

焚帛和祭文！（陪祭人甲拿起供桌上早已备好的火柴，主祭人以手势比拟焚的动作，陪祭人乙接火柴点燃）

叩首！（全体三叩首）

礼毕，起兴！（全体起立，祭祀结束）

注：肴馔、祭品，一般是四个水果盘，四个干果盘（糕点），四荤四素菜盘，四汤四样面食。隆重的祭祀还要有整猪整羊整鸡整鱼。总之，祭品可多可少，没有严格规定。

祈降甘霖青龙宫 武陟历来人口繁衍旺盛，说明武陟是易于人类生存的风水宝地。水患带来的不仅仅是一片泽国，也带来了广袤的土地和生存资源。人和水的关系十分复杂，多了为"患"，少了同样也为"患"。

为了治理水多的"患"，人们筑堤修坝，使其顺流安澜。

为了免除水少的"患"，人们顶礼祈求，盼望天降甘霖。

武陟县城北的万花村青龙宫，即是人们企望天降甘霖的祈雨胜地。因其屡求屡验，光绪皇帝御赐"惠普中州"匾额，慈禧太后御赐"灵济东都"匾额，予以褒奖，其祈雨规模堪称豫省之首。

河南武陟

光绪题匾

青龙宫

第三章 黄河文化与遗存

青龙宫俗称龙王庙，始建于明永乐年间，原名青龙祠，清嘉庆十八年改建为青龙宫，距今已近六百年历史。是近代官府和民间祈雨的重要场所。几百年来香火极盛，方圆百里有极大名气，现是国家级文物保护单位。

青龙宫原存古建筑九座，三十五间，中轴线布局，分别为戏楼、拜殿、玉皇阁、东西配殿、更衣殿等。现在青龙宫已经扩建，现存建筑完好，面积巨大，风格古朴，原貌犹存。青龙宫建筑具有清晚期民间庙宇建筑艺术风格，因其祈雨得雨后必多以给龙王爷唱大戏还愿庆祝，故青龙宫戏楼是武陟境内现存规模最大、形制完美的一座戏楼，具有极高的文物保护价值。

青龙宫百年戏楼

武陟青龙宫的传说史料中也有记载。据清道光九年《武陟县志》载："青龙王庙，在县治东北路万花庄。旧传青龙神于明永乐时，假身为贫少年，佣力于本村高氏家，白昼刻本为鲸，夜则灌园田稼，畅茂异常。高氏瞰其踪迹，见云雾中有一龙，在井上，以是大奇之，妻之以女。其后忽现，梦于高氏，曰吾有以遗汝。若逢时旱，赴青龙洞，求雨必应。惊醒则神已化龙而去，其妻

亦逝，所遗即牒文木鲸也，自是有祷必验。洞极深邃，水声潺湲，悬崖可容数百人，异花奇草，林木葱蔚。凡武陟有祈雨，必偕高氏之人前往，将至山下，则居民必予（预）知来迎，盖闻洞中先有响声也。嘉庆庚午，河北观察庄公求雨，即获甘澍，辛未壬申皆如之。祠创建于嘉庆十八年。"

青龙宫庙会唱大戏

[附]：青龙宫祈雨旧规

　　万花村青龙宫始建于明永乐年间，原名青龙祠，清嘉庆十八年奉旨改建为青龙宫，距今已近六百年矣。在这漫长的历史长河中，由于青龙王施云沛雨，御灾捍患，普渡众生，受到了历代官衔的高度重视和中州大地黎民百姓的虔诚敬仰，庙宇方得到了较完整的保护，庙内文物也保存得比较齐全。现将众多文物中的祈雨旧规刻石于后，使后人了解当时祈雨的组织，程序，规模，声势及全过程。

　　如诸位有兴，可沿着当年祈雨的路线，观光浏览到北山青龙洞口，喝口清冽甘甜的青龙洞泉水，消灾，祛病，延年益寿。

万花村青龙宫管委会

光绪二十年三月初九日，奉河南分守河北兵备道岑大人邑尊孙大老爷赴青龙洞祈雨应验重订取水根册。

重订取水根册序

尝闻天人一理诚无不格及观取水祷雨一事而欢其洵不诬也 有高姓奉 县赴青龙洞口取水一道山路七十余里崎岖难行往返四日始自前明永乐年间经今四百余年邑虞取水者甚众而应验者亦甚多以故本邑原奔走者二十余村修邑乐供给者二十余社其盛举也必以高姓为宗者相传谓 青龙与高姓为姻旧云今岁春天道亢旱夏禾未种值清廉仁慈 岑大人藩屏此邦目击 心伤屡次祷祈及获此音刻令邑尊 孙大老爷粟催赴洞取水而亦随沾渥四野直非诚能格天之一验哉通掌神水官高明喜以旧册蛊朽重订新册告成求序余不揣固陋聊以天人相通之机感应不爽之故为后之莅兹土膺斯任者敢告云尔。

毛云甫谨书
光绪二十年三月 中瀚谷旦

取水旧规

设坛三日，往来四日，守坛三日，岑大人发路费银五十两，官发神羊每一年一只，本年双只，官发神袍袖十二尺，官裁缝二名，官油匠二名，官刷印匠二名，官木匠二名，官竹匠二名，官吹手二名，官铳手二名，官刑仗二名。

前后龙睡村

社首二名，蓝旗十杆（禀事六杆，护驾四杆），共夫十名，保地一名。

修邑范村

护驾长枪夫八名

木栾店头铺

社首二名，蓝旗二杆，铳二杆，灯笼一对，鼓六面（夫九名），大锣二面（夫三名），马锣二面，伞十二把，旗十二杆，先行牌二面，排队棍手二名，尖旗一杆，共夫四十九名，保地一名，钗二面。

木栾店二铺

社首二名，蓝旗二杆，铳二杆，灯笼一对，先行牌二面。大锣二面（夫三名），鼓六面（夫九名），马锣二面，伞十二把，銮驾十二件，排队棍手二名，尖旗一杆，共夫四十九名，保地一名。

木栾店三铺

社首二名，蓝旗二杆，铳二杆，灯笼一对，先行牌二面。大锣二面（夫三名）鼓六面（夫九名），马锣二面，伞十二把，新旗十二杆，排队棍手二名，尖旗一杆，共夫四十九名，保地一名。

王李庄

社首二名，大锣二面（夫三名），马锣二面，鼓六面（夫九名），灯笼一对，新旗十六杆，排队棍手二名，尖旗一杆，共夫四十三名，保地一名。

闫徐店

社首一名，新旗八杆，排队棍手一名，共夫九名，保地一名。

梁徐店

社首一名，新旗十四杆，排队棍手一名，鼓四面（夫六名），共夫二十一名，保地一名。

卢徐店

社首一名，銮驾十二件，鼓四面，排队棍手一名，共夫十九名，保地一名。

祝徐店（陈徐店改）

社首一名，銮驾八件，排队棍手一名，共夫九名，保地一名。

任徐店

社首一名，新旗十四杆，大锣二面（夫三名），灯笼一对，排队棍手一名，共夫二十名，保地一名。

东石寺

社首二名，鼓六面（夫九名），大锣二面（夫三名），马锣二面，铳二杆，蓝旗四件，共夫二十名，保地一名。

西石寺

社首二名，鼓四面（夫六名），排队棍手二名，共夫二十八名，保地一名。

覆兴庄（牛庄）

擎神夫二名，蓝旗四杆护驾，共夫六名，保地一名。

苗家庄

社首一名，擎神夫四名，保地一名。

北张村

社首一名，新旗十杆，大锣二面（夫三名），共夫十三名，保地一名。

前南睢村（姜毛庄）

社首一名，新旗十杆，排队棍手一名，共夫十一名，保地一名。

后南睢村

社首二名，出马夫六名，新旗十四杆，共夫二十一名，保地一名。

窑头村

社首二名，鼓六面（夫九名），马锣二面，共夫十一名，保地一名。

孙家庄

社首二名，新旗十六杆，大锣二面（夫三名），灯笼一对，排队棍手一名，共夫二十二名，保地一名。

原家庄

社首一名，擎神夫四名，大黄伞一把（夫三名），铳二杆，共夫九名，保地一名。

梧贾庄

大座蠹旗一杆，保地一名。

刘庄　系接送水在关帝辇前

社首二名，新旗二十四件，銮驾二十四件，先行牌二面，排队棍手二名，共夫五十二名，保地一名。

小原村　系接送水

社首一名，蓝旗二杆，铳二杆，大锣二面，鼓四面，排队棍手一名，共夫十三名，保地一名。

余原村

社首一名，蓝旗二杆，铳二杆，大锣二面，鼓四面，马锣二面，排队棍手一名，共夫十三名，保地一名。

万花庄老会首高〇〇,会首二十四名，总理二名，掌书二名，水夫二名，出马夫头二名（领手巾带），出马夫十八名（外村六名），净坛夫二名，水地

方二名，头行牌夫二名，辇夫头二名（领大绳，护心镜，腰布，红头绳），抱玉帝牌夫二名，宣炉夫三名，擎文神夫二名（领毛巾三条，连头巾一条），擎水楼夫六名（领毛巾，连头带三条），香纸盘一名，抱浮水瓶二名，过素三名（领连头带手巾三条），担神食夫二名（用长绳一条），抱真水瓶二名（用新线搭），钱粮夫三名，行李夫十四名，灯笼夫三名，文书匣一名，官棍手二名，棍手头二名，棍手二十四名，本村除正执事以外下余按户出辇夫。

取水路引

万花庄至范村三里　范村至范桥十里　范桥至后董村五里　后董村至常位八里　常位至孔村十里　孔村至杨楼五里　杨楼至马庄五里　马庄至孙村八里　孙村至周庄十里　周庄至刘庄三里　刘庄至孔庄六里　孔庄至万斛十二里　万斛至马畀七里　马畀至东村七里　东村至朝阳宫五里　朝阳宫至宗营三里　宗营至葡萄峪五里　葡萄峪至蚕坪五里　蚕坪至歇马殿六十里　青龙洞口　共计一百七十七里

沿路安驾处　俱发三牒

范桥佛祖寺安驾，常位玉帝庙安驾，孔村三仙庙安驾，孔庄天宫庙安驾，东村入山玉帝庙安驾，朝阳宫葡萄塔安驾，歇马殿沿徐各村发饭钱（去时发）

范桥饭钱八百文，东村饭钱八百文，茶水钱四百文。范村供鸡钱四百文（回来出马夫提鸡发不提不发）。

上山朝阳宫点夫发赏

头行牌赏钱六十文，禀事蓝旗赏钱二百文，共走十名。

出马夫赏钱八百文，官吹手赏钱二百文，水地方赏钱一百文。

官铳手赏钱二百文，出马夫头赏钱一百文，保水瓶神夫赏钱一百文，出马夫走头领。

擎水楼夫赏钱一百文，东村引路夫赏钱二百文。

朝阳宫点上山夫役

修武县官铳手四名，东村开路夫二名，武陟县官铳手四，官吹手四名，范村护驾枪八杆，龙睡村蓝旗十杆。

木㮾店头铺蓝旗二杆，铳二杆，灯笼一对，大锣二面，棍手二名，保地一名，全鼓一路，夫十二名。

　　木栾店二铺，铳二杆，蓝旗二杆，灯笼一对，大锣二面，棍手二名，保地一名，全鼓一路，夫十二名。

　　木栾店三铺，蓝旗二杆，铳二杆，灯笼一对，大锣二面，棍手二名，保地一名，全鼓一路，夫十二名。

　　闫徐店，棍手一名，保地一名。

　　梁徐店，鼓四面，棍手一名，保地一名。

　　祝徐店，棍手一名，保地一名。

　　卢徐店，鼓四面，棍手一名，保地一名。

　　任徐店，大锣二面，灯笼一对，棍手一名，保地一名。

　　苗家庄，保地一名；北张村，大锣二面，保地一名。

　　前、后南睢村，棍手一名，保地一名；复兴庄，蓝旗四队，保地一名。

　　窑头村，鼓六面，马锣二面，保地一名。

　　孙庄，大锣二面，灯笼一对，棍手一名，保地一名。

　　东石寺，鼓六面，马锣二面，蓝旗四杆，大锣二面，铳二杆，保地一名；西石寺，鼓四面，棍手二名，保地一名。

　　梧贾庄，旗一杆，保地一名。　　下余夫役，各村社首率领，在东村等候。

酹神旧规

　　官戏三台，道宪大人亲祭祭品，猪三头，羊三只。

　　本村酹神旧规，按地亩捐钱，金神，献戏，请客。请范村、范桥、常位、孔村、孔庄、东村、裴庄，设酒席。请本邑村庄看戏无酒席，随水外二十五社，请本村执事人等有酒席，总理、掌书、水吏、过素、文书匣、香纸盘、抱玉帝牌、出马夫头、辇车头、官棍手、水地方头、行牌棍手头、东西社地方，下余夫役俱不请。

鸡毛贴式

　　今奉钦命河北兵备道的于本月　日辰时起驾。前赴青龙宫洞口祈祷雨泽，所过村庄开列于后

　　万花庄送至　范村送至　范桥送至　董村送至　常位送至　孔村送至　杨

楼送至　马庄送至　孙村送至　周庄送至　刘庄送至　孔庄送至　万斛送至　马界送至　东村送至　宋营送至　葡萄峪送至　蚕坪送至　栗树掌送至　水掌送至　白掌送至　裴庄实贴，青龙洞口，火速火速，毋得遗误。

　　钦命二品顶戴河南分守彰，卫，怀，兵备道世袭一等轻车都尉岑加一云骑尉，为祈祷雨泽事，照得河朔各属地方，入春以来，天雨稀少，地土干燥，农夫望泽孔启，兹本道择於三月初六日，率同僚属在万花庄青龙宫设坛，步祷虔求雨泽，并饬委员督同社首等人，敬谨齐沐於本月初九日辰时恭奉神驾，前赴修武县境内。

　　青龙洞求取灵水，以冀逐沛甘霖合行谕知。为此谕仰社首地保及各村执事夫役等人一体知悉，尔等经过沿途地方，勿得骚扰，倘有不法棍徒借端滋事，该社首地保即时禀究定行重责不贷，各宜凛遵毋违　　特示

　　今将沿途经过地方开列于后

　　万花庄　范村　范桥　董村　常位　孔村　杨楼　马庄　孙村　周庄　刘庄　孔庄　万尉　马界　东村　宗营蚕坪　葡萄峪　栗树掌　水掌　碓白掌　裴庄　青龙洞口

　　右仰道知

　　光绪二十年三月　日　实贴路牌勿损

　　钦命河南分守河北彰，卫，怀三府廉管驿传河务兵备道　谕

　　各村保地夫役人等知悉，今道饬令万花庄社首率同各村执事人等，定於本月　日　时起驾，前赴青龙洞口虔求雨泽，凡所经过地方，毋得骚扰，倘有不法棍徒借端滋事，该社首地方即时禀究，定行重责不贷。　特谕

　　计所过村庄开列于后

　　谕各村保地夫役人等知悉　今奉　道寓赴　青龙洞口祈雨泽，理宜肃整虔诚的于　月　日　时起驾，凡所经过地方勿得骚扰，倘有不法之徒借端滋事，查出定行责处，决不宽恕，勿谓言之不早也。

　　点卯谕贴示

　　谕各村保地知悉，尔等所管夫役执事的於　月　日时查点，毋得临期有误，致于未便。　特谕

中国民间文艺之乡

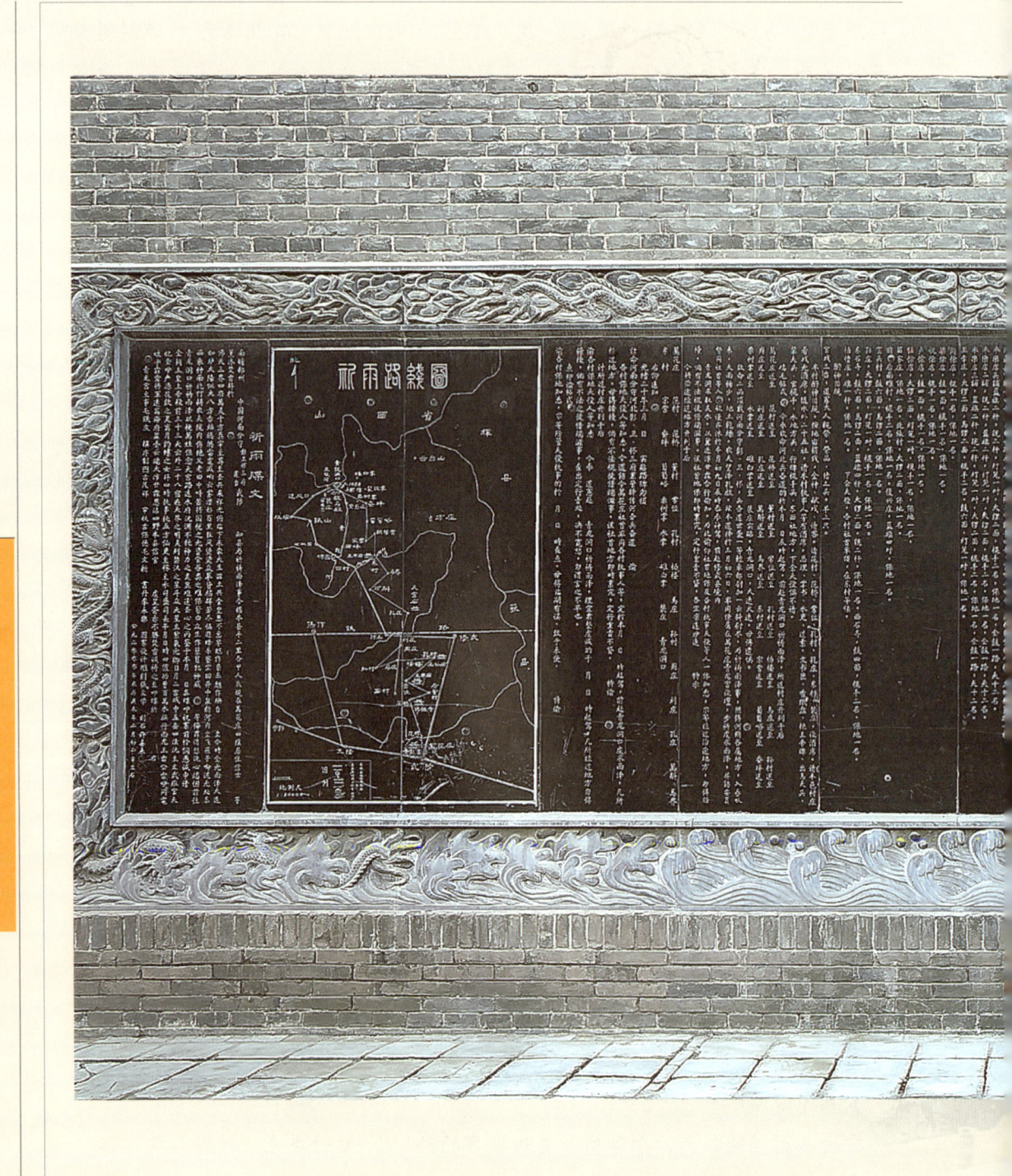

中国黄河文化之乡 河南武陟

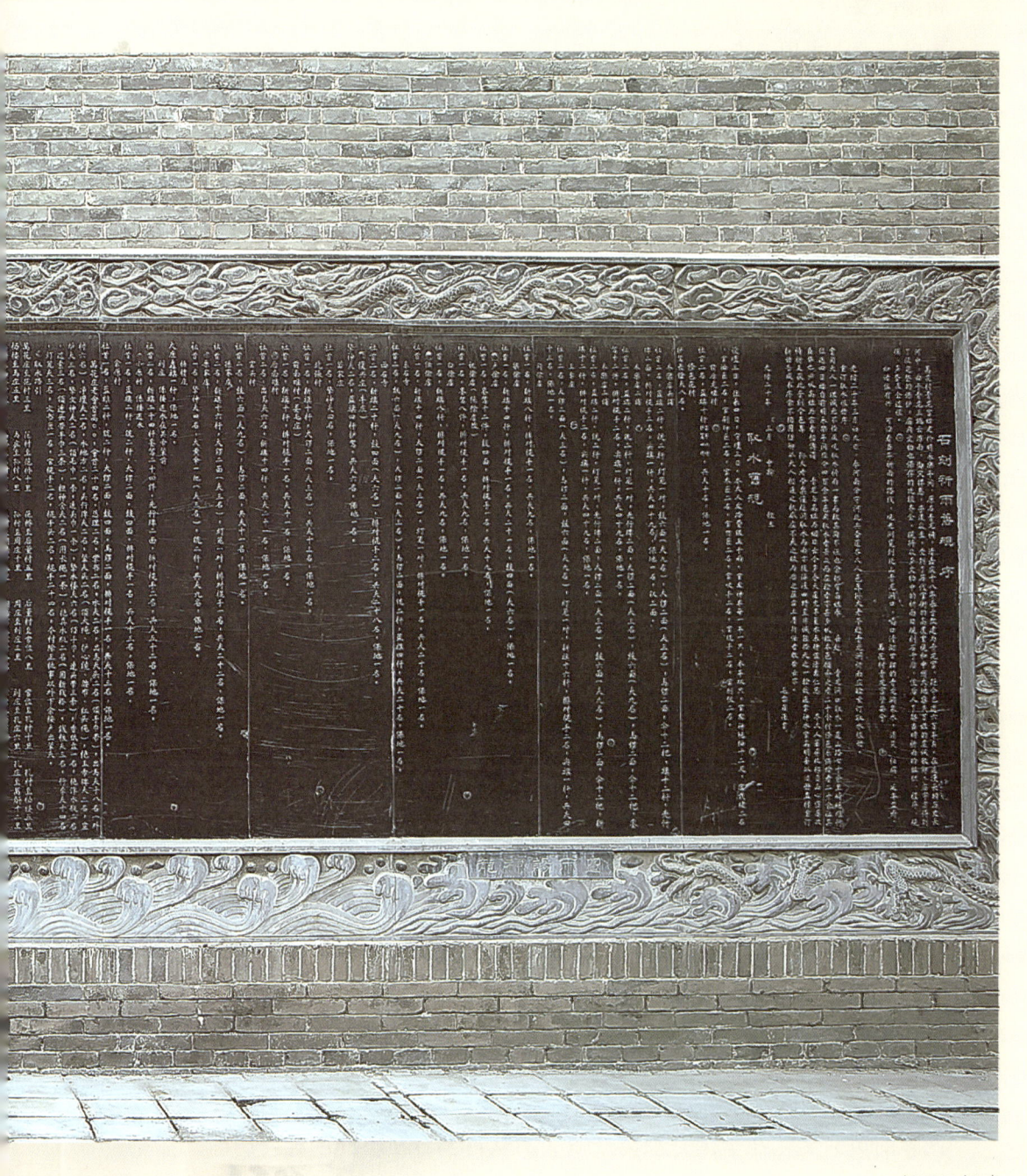

祈雨旧规碑

祈雨牒文

　　南瞻部州　中国河南分守　彰卫怀三府道台　武陟　知县为祈祷雨泽事今据本县平二里各甲人氏现在万花庄四维居住信士　等薰沐焚香拜於
　　佛天三界四府万灵十方真宰至尊至圣共展祥光俯临下承蒙天生滋土共食皇恩不意旱魃作祟巫魍作殃自至今时全无雨泽大道如炉太阳似火八方赤焰腾腾雷霆灭响云雾潜形百里狂风荡荡众草皆枯群芳尽槁游蜂采蜜空回井中泉断河内尘飞燕子衔泥无处东西未种南北停耕农夫陇内伤绝父老田中叫苦将国税之无资食谷类之难保皆由众生作孽冒犯神威　等悔罪消怨洗心竭悃前往青龙洞口祈祷雨泽以梗万姓但念天宫路远水府沉渊不托神力之灵显难达圣心之丙鉴于本月　日具牒叩祝案前怜悯愚诚申请
　　金阙玉皇上帝殿前三十三天云外二十八宿遍天界之明灵列碧汉之星斗众天星主紫气元卿日月二宫域中五岳四渎沅主文武班官天妃圣母严凭花钦之灵离月均点镖之女拜四时执事托五方仙吏主稼主禾司盛司长年月日时四时四值功曹百万水族行雨龙王雷公雷母闪电娘子霹雳将军速离海府显圣云端大沛甘霖恩沾四野本县信官　虔呈赤不胜焚香诚祷之至叩牒于　　右
　　青龙宫主事毛铁庆　撰序制图古茂祥　审核古保德毛文新　书丹李永乐图案设计雕刻张文学刻石许喜来
　　　　　　　　　　　二零零年农历庚辰年二月初二日立石

　　旧时青龙宫的祈雨活动由官府牵头，青龙宫附近村社及至青龙峡沿途村社承办的一项重大祭祀活动，规模宏大而又严整。从以上记述中，可以遥想当年场景多么壮观和神圣。
　　其他有关规模浩大的官方祭祀，在以后章节中有具体讲述。
　　黄河是中华民族的摇篮，是华夏文明的发源地。武陟处于黄河中下游的分界点，悠久的历史演绎出了与黄河文化息息相关的民俗文化。
　　武陟的黄河文化在全国是独树一帜的。从古到今在不同的社会层面，都充溢着浓郁而又鲜明的地域特色。

第四章

万里黄河第一观

嘉应观始建于清雍正元年（1723年），是雍正皇帝为纪念在武陟筑坝堵口、祭祀河神、封赏治河功臣而修建的集宫、庙、衙三位于一体的清代官式建筑群，被誉为"万里黄河第一观"。它在黄河治理历史中有着重要地位，而今为著名旅游景区。

在万里奔腾的黄河岸边有一个著名的建筑，说它是龙王庙，它却有着和故宫相似的建筑和布局，史料记载是大清雍正皇帝的行宫和河北道在武陟的署衙；说它是行宫和署衙，它里面又供奉着一系列河神和龙王。它就是黄河岸边的一颗明珠——嘉应观。

一、神秘面纱下的嘉应观

坐落在焦作武陟县东南10多公里处黄河畔的嘉应观，为黄河流域所修建的最大的河神庙，其布局类似故宫。前面部分是人们祭祀河神的龙王庙，后面据说是雍正皇帝来武陟居住过的行宫，故本地人把嘉应观叫做庙宫。

二月二是龙抬头的日子。这一天，四邻八村的人们都赶往嘉应观，祭拜给他们带来"大仓满，小仓流"的龙王们。

嘉应观众神熙攘的场景，让人们领略到它平静的外表下隐藏着的独特身份。

一座河神庙和故宫如此相似，且享有"小故宫"的名分，这确实令人惊讶。武陟县嘉应观研究学者王小片说，在武陟嘉应观俗称"庙宫"，是说它具备宫殿的样式，而其中的中大殿（正殿）则是故宫太和殿的缩影。

嘉应观

御碑亭

　　根据嘉应观庙产碑记载，嘉应观分南北两个大院，共有庙产土地八顷九十一亩一分八厘五毫一丝七忽，其中殿、亭、楼、阁共三百多间。但今天我们已看不到南院的布局了，南院原来的戏楼、牌坊等早已荡然无存，正在重建的戏楼尚未完工。我们现在能看到的比较完整的，是北院的布局。

　　嘉应观主体建筑分三进院落，以山门、御碑亭、前殿、中大殿、禹王阁为中轴线。其中山门、御碑亭和前殿为前院，两侧有东西马厩、钟鼓楼和更衣室；中大殿和过庭为中院（正院），两侧有东西配殿；禹王阁则属后院，两侧有厢房回廊，供奉着风神、雨神。

　　龙王庙中布局钟楼、鼓楼，这无疑是给龙王们建造了一座"故宫"，这在众多龙王庙中并不多见。

从建筑形式上来说，嘉应观也是比较独特的。已故著名古建专家祁英涛生前来考察时曾给予很高的评价，说其具有很显著的清代官式建筑特色，是清代早期典型的官式建筑典范。

在我国古代建筑发展历史上，明清时代是最后一个高潮期。特别是在清代，朝廷对官方建筑颁布有严格的技术规范。这种规范就是营造官书《工部工程做法则例》（以下简称《则例》）。北京、河北承德等地的规模宏伟的清代建筑，就是按此标准进行修建的。嘉应观也是严格按照《则例》建造的。《则例》规定，官式建筑的柱头、柱础、飞椽等都要有非常突出的特点，所以在修建嘉应观时，经常为官府营造的工匠们根本不需要图纸，只需按照故宫的尺寸缩小比例就可以了。

河南其他清代建筑大多因袭地方建筑传统，很少按照《则例》建造，如少林寺、风穴寺、白马寺内的清代建筑，及社旗的山陕会馆、开封的山陕甘会馆、洛阳的潞泽会馆、周口的关帝庙等建筑群，都没有按照《则例》营建，只有嘉应观和登封中岳庙、安阳市袁坟建筑，是遵循《则例》修建的。而嘉应观因为保存完好，更成为清代官式建筑的标本。

进入嘉应观山门，迎面看到一座古色古香的亭子，这就是御碑亭。六角重檐，覆以褚黄色琉璃瓦，亭顶有刹，由钵、宝珠组成。令人惊奇的是，御碑亭的亭盖貌似大清皇帝的皇冠。据记载，在康熙六十年至雍正元年，黄河在武陟屡次决口，顺流至华北的洪水威胁京师，武陟可谓黄河最危险的地段。雍正在此建造"皇冠"，大概是为了显示治理水患的决心吧。

我们无法考究雍正的真正用意，但可以通过亭子正中雍正二年所铸的铜碑，看到雍正治河的决心。这座高4.3米、宽0.95米的铜碑，由雍正御书，盖有"雍正御笔之玺"，碑头、碑身刻有二十四条青龙，压着碑座的独角兽，象征二十四节气，也代表大清疆域内主要水系的大小龙王。该碑记载着当时黄河治理的相关内容，对我们现在了解研究当时安澜治水有着重要价值。御碑本身也很独特，铜面铁胎，这种铁铜合一的奇特工艺在我国近代数百年的冶金铸造史上是个奇迹。

河南武陟

第四章　万里黄河第一观

087

雍正御碑

御碑亭顶盖

龙凤图

龙头、牛身、狮尾、鹰爪的独角兽实际上就是河蛟，历来被认为是黄河泛滥的祸根。当时被雍正用刻有二十四条龙的巨碑压住，正可体现雍正治河的一股雄心。

有意思的是，河蛟所卧的青石座下有口水井，传说井水与黄河水共起落，人们通过河蛟头上的水眼往井里丢铜钱，根据响声可预测洪水的涨落。

嘉应观的第二个奇特之处，是中大殿天花板上的龙凤图。这些圆形彩绘的龙凤图共有65幅，其中龙凤腾舞的姿态迥异，绚丽而高贵。据文物专家考证，这些图案是典型的清代满族艺术风格，连北京也难寻觅。

最令人惊奇的是，因为龙凤图的存在，殿内不见蛛网，不沾灰尘，鸟虫也不进，传闻殿内藏有避尘珠，但无据可考。有专家判断，这可能跟殿内的香樟树木质地有关。

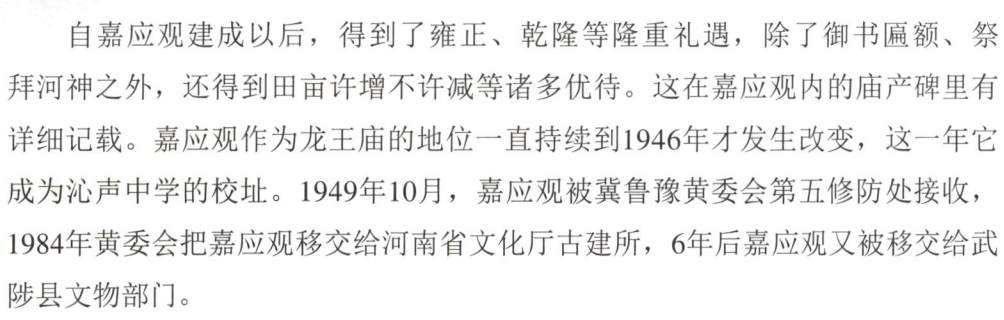

嘉应观庙产碑

自嘉应观建成以后，得到了雍正、乾隆等隆重礼遇，除了御书匾额、祭拜河神之外，还得到田亩许增不许减等诸多优待。这在嘉应观内的庙产碑里有详细记载。嘉应观作为龙王庙的地位一直持续到1946年才发生改变，这一年它成为沁声中学的校址。1949年10月，嘉应观被冀鲁豫黄委会第五修防处接收，1984年黄委会把嘉应观移交给河南省文化厅古建所，6年后嘉应观又被移交给武陟县文物部门。

雍正题匾

在新中国建立后的历次运动中，嘉应观的文物损失惨重，现存雍正御书匾额"洽德敷仁"是在"文化大革命"中被驻扎在里面的炊事员当作劈柴烧火时被救下的，御碑也是在红卫兵"破四旧"的危急时刻被救下的。如今我们可以看到雍正所写的"洽德敷仁"，而乾隆所书的"瑞应荣光"匾额已不知所终。和乾隆所书匾额一齐失踪的还有一块"万岁牌"。这块写有"大清皇帝万万岁"的金牌，宽二三尺、高六七尺，显示了嘉应观崇高的地位。

二、黄河治理中的嘉应观

嘉应观是治理黄河的博物馆 嘉应观作为中国治黄历史上的一个标志性建筑，饱含含着丰富的历史和文化色彩，记载着许多领先于当时的理论结晶，给现代治黄事业带来了诸多启示。嘉应观成为古今治理黄河的博物馆，浓缩了中华五千年治河经验，反映了黄河治理发展的轨迹，折射着黄河历史发展的脉络，记录了人民治黄60年战胜历次黄河大洪水、三次大复堤，取得治理黄河的巨大成就，证明党和国家的重视是治黄事业成功的关键。

在嘉应观的两侧有两组建筑，东侧为河道衙署，西侧为道台衙署。这是在嘉应观建成以后，雍正专门设立的治河办公机构。河道衙署相当于雍正年间的

"黄委会"，由河道副总督嵇曾筠管理，相当于当时"水利部"的一个下属单位；"水利部"则设在开封，由河道总督齐苏勒管理；道台衙署是地方官员协助治理黄河的办公场所。我们现在看到的两座衙署，已是今人的手笔，当年的建筑早已破败不存。而在道台衙署之后，我们还发现了两排房屋，标明是新中国成立后水利部部长傅作义及水利专家张光斗、苏联专家布可夫前来考察引黄济卫渠首闸时所住之处。

敕建嘉应观门额

嘉应观是研究黄河水神的标本和活化石 神龙是智慧、勇敢、吉祥、尊贵的象征。嘉应观陈列的神龙史料中，有首创龙图腾的太昊伏羲，有用龙作为部落图腾的黄帝。"中华第一龙"蚌龙和二里头"中国龙"等在嘉应观里也有图文介绍。最具特色的是嘉应观保存了一部完整的、形象化的中国古代治河功臣谱。嘉应观不仅是祭祀黄河河神的庙宇,还是纪念表彰历代治河功臣的场所,从大禹到诸位大王,都是历史上参加治黄建立卓越功勋的功臣。贾让、王景和潘季驯代表了治河文化的三个高峰,王景治河后800年安流的卓越功效尤为世人传颂。明代的宋礼、刘天河和汶上老人白英,在嘉应观中都有事迹记载。清代的河道总督齐苏勒、嵇曾筠是与武陟黄河堵口、建造嘉应观密切相关的治河人物。雍正皇帝专门下令在嘉应观西侧为其建神祠的陈鹏年,为官清廉,勤于政务,最终累死在武陟堵口工地。以虎门销烟著名,以"苟利天下生死已,岂因祸福避趋之"为座右铭的林则徐,在任河道总督时有大量治水功绩。嘉应观铜制御碑上有雍正亲书的"特命河臣于武陟建造淮黄诸河龙王庙"。在嘉应观内供奉着诸多管理江河的河神,也就是老百姓所说的龙王。不过这些龙王不仅是神话里的神龙,而多为历史上治理江河尤其是黄河做出巨大贡献的现实人物。老百姓为了纪念这些造福于一方的英雄,将他们升格为神。

河道衙署牌

观中的主要神灵是民间被广泛崇信着的治黄大王、将军，嘉应观里的《敕封大王将军纪略》对治黄大王、将军有详细记载。

《敕封大王将军纪略》初成于清光绪七年（1881年），由当时的河督使者李鹤年作序，光绪十五年（1889年）再版时由朱寿镛作序，中华民国4年（1915年）重印时由河南河防局局长吕耀卿作序。

金龙四大王封册

朱寿镛所作的序言中有这样一段话："河神古称冯夷，谓祖轩辕，家华阴。及汉武所祀，唐宗所封，曰乎远已。自宋以来，大王、将军代兴，赫声濯灵，震耀耳目，其姓氏事迹，荛夫老兵类能道之。"从这里我们可以看出，大王、将军本是"荛夫老兵"口传的水神，到清末才经河官们辑录成册，保存下来。下面是诸位大王、将军的名字与封号。

大王有六位，他们是：

（一）显佑通济昭灵效顺广利安民惠孚普运护国孚泽绥疆敷仁保康赞翊宣诚灵感辅化襄猷溥靖德庇锡佑国济金龙四大王谢绪。

谢绪（？-1276），南宋钱塘县北孝女里（今浙江杭州良渚镇安溪）人，南宋王朝的外戚。

谢绪生性聪慧，读书而不求进仕，隐居钱塘之金龙山（今安溪下溪湾）。德祐

谢绪大王塑像

二年，二帝北狩，宋亡，谢太皇太后和五岁的小皇帝（恭帝）及皇室宗亲、宫女、太监均被俘押解北上。绪深感国家兴亡之际，匹夫尚有担当，更何况宗室懿戚。他四方奔走联络抗元，但因大势已去，再难挽回。闻国破君辱，终成绝望，曰："生不能报国恩，死当诉之上帝"，慷慨赴水殉国，在下溪湾投苕溪自尽。史载因"忠愤不舒，壮志未酬，尸体竟逆流而上"。时人崇敬他高尚的气节和情操，在溪北塑像立庙。明隆庆间，追谥绪为"金龙四大王"，庙遂称大王庙。清顺治二年（1645年）至光绪五年（1879年）的235年间，历代皇帝给"金龙四大王"敕封"显佑通济昭灵效顺广利安民惠孚普运护国孚泽绥疆敷仁保康赞翊宣诚灵感辅化襄猷溥靖德庇锡佑国济"共44字的封号，实乃罕见之殊荣，可见"金龙四大王"地位之高。

相传，朱元璋与蛮子海牙战于吕梁洪（今江苏邳州市西南），敌在上游，明师居下，极为不利。忽见风涛大作，卷河水北流，淹没敌军，海牙大败。太祖夜梦一儒生素服前谒曰："臣谢绪也，上帝命为河伯，会助真人破敌。"太祖觉醒，遂封谢为黄河之神，立庙黄河（今江苏邳州市南部黄河故道）之上。成祖修复漕运，神亦相助。凡河道淤塞、舟船将覆、维护漕运，屡显灵异。天启四年（1624年），苏茂相督漕运，水涸，船不能行。神降言："为我请封，当以水报。"苏立具奏疏，向神祝告毕，洪波浩荡，万樯齐发。于是谢绪被封为护国济运金龙四大王，实际上又成了主漕运之神。清代重漕运，更封金龙四大王以黄河神兼运河神，沿河官民奉祀虔诚。

（二）灵佑襄济显惠赞顺护国普利昭应孚泽绥靖博化保民诚感黄大王黄守才。

黄大王，原名黄守才。明朝万历年间（1603年）出生于偃师伊河北岸的王庄村。他幼年父母双亡，由舅父抚育长大，随舅父行船经商，游走于黄河流域，从此便与黄河

黄守才大王塑像

结下了不解之缘。黄守才天资聪颖思维敏捷,在舅父的管教下习练水性,读经背文,还研读历代治水方略。后到缑山、县学、嵩阳书院求学,潜心攻读了多种书籍,精通儒道,还得程夫子遗书《禹贡》。他钻研了《禹贡》中的治水之道,并结合自己数十年的治水经验,运用并发展了《禹贡》的治水之道,创作了《禹贡注疏大中讲义》、《洪范九畴九河图》、《治河方略》等书(现已不存)。40岁后道成。据传,黄大王庙村曾是黄守才传经讲道的地方,来听他讲学的人络绎不绝,后来在此建庙祭祀并逐渐形成了村落。

黄守才一生中的主要事迹,是治水济民。古时伊河、洛河流域和黄河中下游经常发生水灾,黄守才亲眼目睹了河水泛滥给乡邻带来的灾难,使他下决心学习治理河道的知识和技能。经过不懈努力,他掌握了很多科学治水的方法,哪里有水患,只要有人请,他都欣然前往,整个黄河流域都留下了他的足迹。他治水的功绩在《通志》、《河南府志》、《大清会典》、《黄运两河纪略》、《洛阳县志》、《偃师县志》等史志书上都有记载。人们用"功并神禹"来赞赏他,称他为"活河神"。雍正十二年(1735年)陈留建庙曰"大王坛",赐名"溥仁观"。乾隆三年(1739年)敕封"灵佑襄济王"。道光八年(1829年)四月,加封"显惠"。道光十一年五月,加封"昭应",合起来称为"灵佑襄济显惠昭应王"。光绪五年(1880年)加封为"灵佑襄济显惠赞顺护国普利昭应孚泽绥靖博化保民诚感黄大王"。

(三)信安广济显应绥靖昭感护国孚正是惠灵庇助顺永宁侯朱大王朱之锡。

朱之锡(1623—1666年),浙江义乌人,为清初治河名臣。官至兵部尚书兼都察院右副都御史、总督河道。治理黄河、淮河、运河达10年之久,南北交驰,殚精竭虑,鞠躬尽瘁,黎民百姓无不称颂其惠政,奉为"河神",沿河立庙,春秋祭祀,称之为"朱大王"。

朱之锡大王塑像

清代对淮、黄交汇之地的治理，花费了大量人力、物力、财力，但均收效甚微。朱之锡总督河道后，经常亲临抗洪第一线，先后多次向朝廷提出治理河道的合理建议，都被获准施行。康熙亲政以后，把河务当作巩固清朝统治的重大政治任务，始终紧抓水利整治。康熙元年(1662年)，康熙亲赐羊酒文绮，朱之锡进阶为资政大夫，继任河道总督。这年黄河连连决口，几成大患。朱之锡亲自驻扎在治河工地上指挥抗洪抢险，以致手、脚、口都生疮溃烂也不下一线，直到抗洪告成，险情排除。治河中，他既对民工夫役怜悯体恤，为民解困去忧；又革除陋规，立碑于道，严禁官吏苛待民工；又为民昭雪、平反冤狱。朱之锡每年都要清理各地河官的财务，发现贪污渎职者，一律从严惩处。

朱之锡十年如一日心系三河，尽忠职守，不论哪里告急，他总是毫不迟疑赶到。足迹踏遍黄、淮两河各地，即使积劳成疾也不告假治病调养，以至身体虚弱，形神憔悴。由于他呕心沥血，三河水患得到极大遏制，在他任总督河道的10年中，没有发生过重大水患，沿河人民得以安居乐业。

1666年，朱之锡正值盛年时去世。他一生为官清廉，为治理河道奋不顾身，造福黎民百姓，死后被老百姓奉为河神。

（四）诚孚显佑威显 栗大王栗毓美。

栗毓美的事迹颇有传奇性。据传当年为了让他进京赶考，其未婚妻推迟了婚期。但等他金榜高中赶回家完婚时，未婚妻已经与他阴阳两隔，不在人世。他埋葬了未婚妻，把灵牌放在红顶小轿内，不远千里抬进了武陟县衙。栗毓美情感坚贞，作官诚信，所以官场美誉多，民间口碑好。栗毓美主政武陟，风雨之夜常常查看黄河坝头，比巡河工都尽职尽责。心诚则灵，一次他预感大风雨之后黄河暴涨，坝头面临塌岸崩坝的危险，必须加固。但当时他既无资金也无材料，便动员县内大户捐献大巴砖，首创用铁条穿巴砖加固黄河堤岸。工程结束当天，大雨倾盆，黄河暴涨，由于栗毓美预防在先，堤坝安堵如故，涉险不惊。朝廷发现了栗毓美的治河才干，由七品县令提拔成一品河宪。作为河道总督的栗毓美再次回到武陟，一家一户登门道谢，一砖一石计价还钱。武陟人感动得热泪盈眶，想不到天下竟有如此好官，为老百姓办事，还要记账还债。百姓建生祠祭祀。嘉应观中，武陟百姓最熟悉爱戴的是栗毓美。栗毓美死后，谥号"恭勤"。二月二嘉应观庙会，女人打扮起来，粉衣绿裙，担着花篮唱经，俗称"经担"。她们最爱唱的是《栗毓美还债》和《栗大佬守灵》，栗毓美是百姓心目中的好官。

[附]：《栗毓美还债》

正月里，正月正，县衙里边挂红灯。
千家万户团圆日，栗大佬他孤零零。
未婚妻灵前三炷香，守夜到天明。

二月二，龙抬头，冻凌化开河水流。
小鸟儿岸边枝头站，栗大佬来到沁河口。
问罢春耕问桑麻，锅里看稀稠。

三月里，三月三，栗大佬在坝头站。
桃花虽美他不爱看，心随那波涛万里远。
桃花落时桃花汛，今年可平安？

四月里，麦梢黄，栗大佬心里喜洋洋。
安民告示贴上墙，上下修路造场忙。
三更夜半红灯照，栗大佬查河防。

五月里，汗水流，收了麦子忙种秋。
栗大佬带着捕快村里走，"大佬大佬你拿谁？"
"捆个草个儿不捆人，防汛咱练练手。"

六月黄河水滔滔，栗大佬骑马不坐轿。
东求奶奶西求爷，四处备料打借条。
借粮借钱借砖头，要把河堤保。

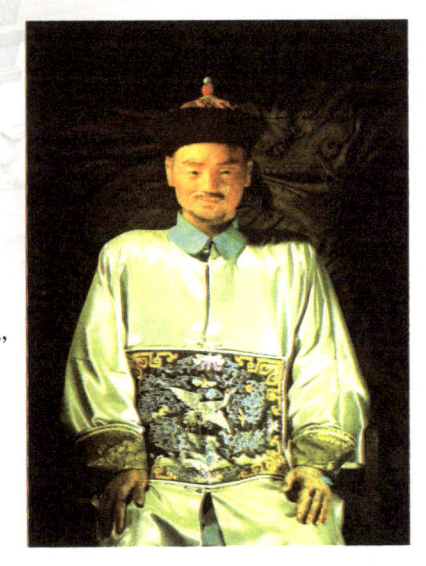

栗毓美大王塑像

七月里天气热，栗大佬催工不停歇。
加固堤岸裹坝头，汗水拌着洪水流。
亿万生灵咱守护，不能把懒偷。

八月雨大风又狂，栗大佬站在河堤上。
两眼看着黄河涨，率领万民守堤防。
河涨河落水东流，万民齐欢畅。

九月里来九重阳，栗大佬进京上朝堂。
帝王降下五彩诏，三跪九叩拜皇上。
七品知县当总督，美名天下扬。

十月里来刮秋风，栗大佬回到武陟城。
谢天谢地谢百姓，所有债务都还清。
万里河防民为堤，民心是长城。

十一月，天气寒，老百姓难忘父母官。
归还的砖瓦盖座庙，庙里敬个活神仙。
栗大佬成了龙王爷，香火代代传。

腊月里来雪花飘，龙王庙里把香烧。
武陟县令知多少，老百姓只想栗大佬。
保国保家保太平，年年把香烧。

不迷信不信神，嘉应观烧香敬好人。
生为百姓死封神，爱恨情仇在人心。
为官当学栗大佬，官民心连心，永远是亲人。

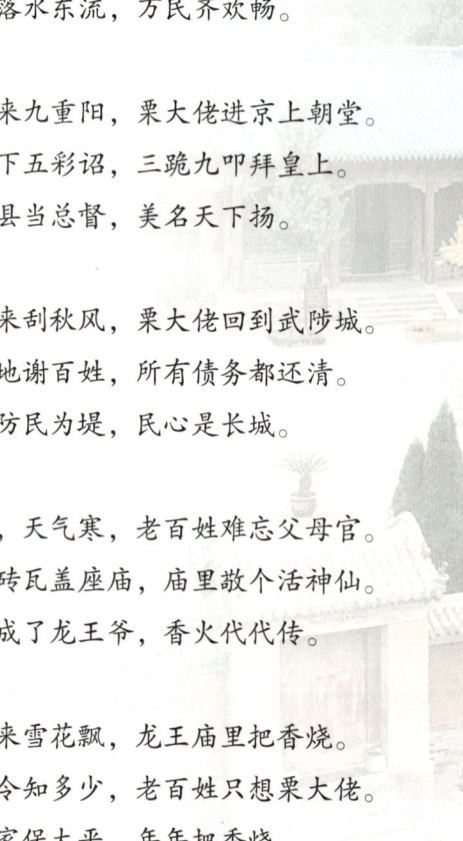

[附]：道光皇帝祭文：

朕维河流顺轨，皇防重匡济之才，海若安澜，疏沦仰怀柔之绩，既殊勋庸。粟毓美秉资明干，植品端方，始小试于中州，垒膺荐剡，爱剖符于南豫，屡著循声，符丹纶紫悖之重申，历翠板红薇而叠晋宏，材茂焕久，邀特达之知水利，凤谙聿重修防之任，娴泄滞通渠之法，安流策导源陂之功，九州底绩风清竹箭，消雪浪于荡平地，固苍桑速云舻之转运，嘉，睿川之力，倚任维殷。兹考绩三年，殊恩载沛方冀永资，夫臂画岂意遂？悼夫论徂类已胥蠲，恤典籍褒夫盖。封彩霞、吴氏为一品夫人。特赐官衔，灵其不昧尚克钦承。

[附]：林则徐祭文：

公终日立泥淖中，砖甫出水势尚动摇，即率先屹立坝头，随时与厅员营弁请求治策，于二三将生未生，无不预谋抵御，然其深意，不惟节省经费已也，将以埽二所节之费，移而培大堤固，则漫溢之患可永除。宣房万福所以，为国家计者，甚至奈何？未竟其施，而殉也。河标黄运，兵专事椿损，城守兵虽习弱，技艺时势亦非所闲，公惟济宁地县，曹衮宵小时窥发，操防末可忽，田增演，三才速战诸阵势，躬自教练。文设义学五所，令兵丁子弟读书。二月十七日巡工至郑州胡家屯多食，感奇疾旬厥，卒年六十有三。闽海林则徐顿首拜撰。

（五）显应 宋大王宋礼。

宋礼，字大本，谥康惠公，敕封"宁漕公"、"显应大王"。河南洛宁县人。生于元朝至正十八年（1358年），卒于明永乐二十年（1422年）。宋礼自幼聪颖悟知，好学有志，精于河渠水利之学。明洪武年间进士，任山西按察佥事等职。明永乐年间，先后任礼部右侍郎、工部尚书。因治理运河有功，多次受到

宋礼大王塑像

皇帝表彰。据《明史·运漕证序》载："元开会通河，其功未竣，宋康惠踵而行之，开河建闸，南北以通，厥功茂哉。"为后人所传颂，汶上、梁山一带一直流传着宋礼开河、点泉的动人故事。

永乐二十年（1422年），宋礼因积劳成疾病故，寿64岁。正德七年（1512年），宋礼被尊为河神。为纪念宋礼治水有功，在汶上、南旺建祠和庙并塑神像，供后人祭祀。万历元年（1573年），被封为"开河元勋太子太保"，谥号"康惠公"。清代康熙、乾隆两朝皇帝对宋礼进行追封，对其后代特别抚恤。清朝雍正时，敕封为"宁漕公"。光绪五年（1879年）朝廷追念宋礼的题词是"宋尚书圣德神功不居禹下"。敕封显应大王。

（六）永济灵感显应昭罕昭宣 白大王白英。

白英(1363-1419年)，字节之，汶上县白家店人。据史书记载，他"博学有守，不求闻达，以耕稼为业"，为人正直，不慕名利，当地老百姓称他为"隐隐君子"。明朝初年黄河决口，会通河被完全淤塞，不能通航。明永乐九年(1411年)，济宁州同知潘叔正上书朝廷，请求疏通运河，明成祖准奏，命工部尚书宋礼与刑部侍郎金纯、都督周长疏浚会通河。七月底工成，但会通河仍然无水。这是由于蜀山至袁口为运河最高区段，元代以地势较低的济宁分水，北流不畅，水源不足，通航困难。宋礼重浚会通河时，因未吸收前人引水至济宁失败的教训，因循旧法，所以没能成功。宋礼因不解其故而焦急万分，在汶上他遇见了白英。白英是当地人，深知当地农民遭受苛捐杂税、连年旱涝之灾的苦难，对运河的治理已苦心思索很久。他对运河进行过勘察，对当地山水地形非常熟悉，头脑中已经形成了一套治水方略。白英感于宋礼"礼贤下士，治河心切"，向宋礼提出南旺地势最高是"水脊"，应在汶河戴村修坝，引汶河水至南旺再分水南北的建议。宋礼按照白英的总体设计进行施工，彻底解决了北

白英大王塑像

段断流或水量不足的问题。白、宋治水成功后，明代每年运送漕粮常达三四百万石，比元朝增加了10倍左右，最高年份达500万石。

白英、宋礼设计兴建的戴村坝和南旺分水枢纽工程历时九年，终于完成了开掘汶上段运河这一著名的水利工程。济宁境内会通河的治理及南旺分水工程的完成，使之河河相通，渠渠相连，湖湖相依，泉泉相映，汇成了一派巨大的水系网。其科学价值和技术水平当与李冰父子的都江堰相媲美，创造了中外水利工程史上的奇迹，影响深远，为世代所称誉。明正德七年（1512年），白英被追封为"功漕神"，建祠于南旺宋公祠侧，供后人奉祀。

此外，嘉应观里还供奉着林则徐、陈鹏年、刘天和、贾鲁、贾让、嵇曾筠、潘季驯、王景、齐苏勒等历史上著名的治黄功臣，现在老百姓一律也称大王。

嘉应观里供奉的将军通常都见64位，但民国四年重印的《敕封大王将军纪略》中录共有65位。其中有3位不称"将军"，称"公"、称"河神"，也都照录在这里：

统理河道翼运通济显应昭灵普顺安流衍泽显佑赞顺护国灵应昭显普佑　陈九龙将军

管理河道镇海威远　金华将军；

灵应孚惠护国显佑昭应　曹将军；

管理江河翼运平浪灵伯赞顺斩龙　杨四将军；

管理河道水府灵通广济显应英佑侯　萧公；

管理河道显灵平浪侯　晏公；

管理河道孚惠　黎河神；

管理河道涌水顺风　柳将军；

管理河道填埽闭塞　党将军；

管理河道涌浪分水　刘将军；

理河道通济平浪　张将军；

管理河道添沙混水　武将军；

管理河道稳埽护坝　邓将军；

管理河道平水息浪　黄将军；

管理河道催运保船　丁将军；

管理河道变水鸿浪　高将军；

管理河道顺水招财　潘将军；

管理河道催水运沙　彭将军；

管理河道流沙漫滩　季将军；

管理河道镇埽稳桩　袁将军；

管理河道缓水息浪　孔将军；

管理河道截水漫沙　卢将军；

管理河道九江通会　杨将军；

管理河道鉴查善恶　楚将军；

管理河道移土填潭　郝将军；

管理河道穿地青龙　马将军；

管理河道洪河利水　周将军；

管理河道白马　梁将军；

管理河道活水起浣　张将军；

管理河道掠风淘河　康将军；

管理河道滚水播浪　刘将军；

管理河道播水开导　张将军；

管理河道　宗大将军；

管理河道　宗二将军；

管理河湖灵应　宗三将军；

管理河道　宗四将军；

管理河道卷水　徐将军；

管理河道混水　吴将军；

管理河道　孙将军；

管理河道　侯将军；

管理河道　焦将军；

管理河湖　　薛将军；

管理河道　　耿将军；

管理河道　　鲁将军；

管理河道　　韩将军；

管理河道　　罗将军；

管理河道　　荣将军；

管理河道　　白将军；

管理河道　　潘将军；

管理河道　　范将军；

管理河道　　沈将军；

管理河道　　贺将军；

管理河道　　聂三将军；

管理河道　　聂四将军；

管理河道　　楚河常许四将军；

管理河道　　何将军；

管理河道　　秦将军；

管理河道　　汤将军；

管理河道　　张将军；

管理河道　　钱将军；

管理河道　　赵将军；

管理河道　　冯将军；

管理河道　　岑将军；

管理河道　　李将军；

管理河道博佑　王将军。

嘉应观是黄河堵口文化的标本　黄河堵口历史悠久，古人就成功地创造了立堵、平堵和混合堵技术。堵口风险高，难度大，又不得不做。在长期的堵口过程中，逐步形成了约定成型的堵口习俗和文化。一是堵口前要祭天祭神。

西汉瓠子堵口，汉武帝亲临施工现场祭礼，沉白马、玉璧以求"河伯"佑助。明、清时期，盛行请"大王"、"将军"。二是建祠立碑，纪念堵口胜利。当社会安定、国力强盛时，成功的堵口往往成为当权者为自己树碑立传的好机会。"黄河图说碑"就是明朝刘天和赵皮寨决口后专门刻制的。正是在这种堵口文化影响下，雍正皇帝在武陟堵口及筑堤取得成效后，才下诏书修建嘉应观，以祭祀河神和纪念这次治河行动。

三、官方祭祀中的嘉应观

在嘉应观的建筑中轴线上，过了中大殿有一个精巧的古建筑。这个建筑面阔三间，进深两间，名曰"恭仪厅"。恭仪厅后就是嘉应观内建筑规格最高的禹王殿。恭仪厅是清皇帝和王公大臣等拜见禹王前整肃衣冠的地方，一座小小的恭仪厅，陡然增加了恭肃静默的气氛，显示了禹王以及皇权的威仪。

武陟祭祀河神龙王的规模，当数雍正皇帝为最。他先后四次祭祀河神，其中雍正四年（1726年）最为隆重，留下传说也最多。冬春黄河清，雍正高兴，颁发"盛世河清，普天同庆"洋洋洒洒数千文字，极力推崇先皇之德，激励河道与朝廷各部及地方官吏戮力同心，敬神勤民，普加一级。雍正撰写"祭告河神文"，遣常泰赴武陟嘉应观代天行祭。《祭告河神文》见于武陟县志和嘉应观碑刻，爱新觉罗常泰的祭文流传于武陟文化人中间。现将祭祀仪式整理如下：

（礼部主持祭祀议程，摆放祭礼、鸣炮奏乐、焚香烧纸后，礼部指挥祭祀人和在场官民致祭。人太多，三拜九叩不整齐，司仪要喊号子。）

司仪：行三拜九叩大礼。正冠，掸尘，跪，一叩首、再叩首、三叩首，起。正冠、掸尘，跪，一叩首、再叩首、三叩首，起。正冠、掸尘，跪，一叩首、再叩首、三叩首，起，礼毕。

司仪：宣读皇上《祭告河神文》，颁布"盛世河清、普天同庆谕"……

司仪：请主祭官代天子致祭。

常泰：（吟诵祭文）呜呼，黄河之神，逐波而来。披雾乘风，嘉应观中。

牲牷牺礼，黍粟俎豆，佐以杜康之液；鼎盛香火，钟磬鼓乐，彰显赤子之诚。是日是时，天之子率臣工黎民致祭于禹王及通济、显佑、昭灵、效顺之神。

恭仪厅

禹王阁

颂曰：黄河之水，发源高远，经九省，行万里，汇七支，纳百川。运昆仑泥沙，填沼泽湖海，自塘沽至蜈蚣口，成锦绣扇面，托亿万生灵，胜几多诺亚方舟？输甘泉天水，润干涸莽原，从太行至蓬莱阁，造民庐田陌，点万家灯火，诵几卷无量寿佛？然人有失德，神有失守，洪汛突来，波涛接天，田庐摧圮，灵尸鱼腹，呜呼哀哉。先帝率皇子重臣，数度巡河，见洪水之后，哀鸿遍野，饿殍当途，诚为不忍。故叹之曰：河涨河落维系皇冠顶戴，民心泰否关乎大清江山，当以河防为第一要务。

今君修禹德，民献其力，塞决筑堤，肆滥归故。御坝限流，顺轨安澜。人事已毕，复求天命。周顾国库亏缺，拨币银三百万两，建淮黄诸河龙王庙。匠必精工，物必良材。务求美轮美奂，富丽堂皇，以安神位、祈天福。民赖其佑，国运鸿昌。

诗云："怀柔百神，及河高岳。"恪恭诚敬，献一国之礼；稀世珍馐，唯望饮馔畅意，劳心佑民。上天与天子同乐，造物携子民共庆，至乐矣。呜呼，神其来矣，伏惟飨飨。（一献爵）

赞之曰：（吟唱）虔诚循礼不欺天——皇天保祐，
人事慵懒祈天福——必遭天谴。
塞决筑坝固河防——君民共勉，
自然和谐度永年——洪福齐天。

咏之曰：（昆腔）波澜不惊兮河防永固，海晏河清兮国泰民安。

歌之曰：（民间经担男女歌舞同唱）

尧之天、桀之天，天行有常；
丰之年、歉之年，四季来往。
求天命、尽人事，民心是江山；
守四时，种、收、藏，勤民作糇粮。
神其来也，伏惟飨飨。（再献爵）
尧之天、桀之天，天行有常；
丰之年、歉之年，四季来往。
求天命、尽人事，民心是江山；

守四时，种、收、藏，勤民作糗粮。

神其来也，伏惟飨饷。（三献爵）

司仪：礼成。

[附]：世宗宪皇帝武陟嘉应观碑文

雍正元年

朕抚临寰宇，夙夜孜孜，以经国安民为念。惟兹黄河发源高远，经行中国，迂回数千里，与淮、沁、泾、渭、伊、洛、沂、泗合流以入于海，古称河润九里。其顺轨安澜，滋液渗漉，物蒙其利。然自武陟而下，土地平旷，易以泛滥，其来已久，频岁南北堤岸横决，波浸所及，田畴失业而横灾运河，为漕艘往来之患，其关于国计民生甚巨。屡下谕旨，亟发帑金，修筑堤防，期于洒沈澹灾，成底定之绩。

夫名川大渎，必有神焉主之。《诗》云："怀柔百神，及河乔岳。朕思龙为天德，变化莫测，云行雨施，品物咸享，又能安水之性，使行地中，无惊波沸浪之虞，有就下润物之益。特命河臣于武陟建造淮黄诸河龙王庙，祗申秩祭，以祈庥佑。《礼记·祭法》云："圣王之制，祭祀也。能御大灾则祀之，能捍大患则祀之。"乃者，水循故道，不失其性，自春徂秋，经时历汛，靡有衍溢，中州兆庶离垫溺之忧，获丰穰之乐，所谓御灾捍患有功于民者，至明且著。斯庙之建，诚合于古法矣。

河臣请为文以纪，刻诸丰碑。朕用推本龙德而明征《礼经》，以示永久。岁时戒所司，奉牲牷酒醴，恪恭祀事，以邀福于神。其继自今，风雨有节，涨潦不兴，贻中土之阜成，资兆民之利济，以庶几于永赖之勋，是朕敬神勤民之本怀也夫。

[附]：圣世河清普天同庆谕

雍正五年

览诸王大臣等奏称，河水澄清二千里，期逾两旬，为从来未有之瑞，恳请升殿庆贺。朕尝言，天下至大，庶务至繁，断非人主一身所能经理，必赖内外臣工协力赞襄，然后可以成一道同风之盛。若上有凉德之主，而下皆皋、夔、稷、契之臣，则工虞水火，佐理有人，政务亦不患其不举。若上有尧舜之主，而下皆共工、欢兜之辈，则耳目股肱无所资藉，政务亦必至于废弛。故人君之道，以得人为要；而人臣之道，以奉职为先，此一定之理也。

　　朕统临万方，虽刻有励精图治之念，然必赖内外臣工，共矢公忠，各殚才力，然后有实政实效及于吏治、民生，方可以感天和而赐繁祉。不然，则朕虽有勤政之念，岂能事事躬亲办理之也。今见数年之中，荷蒙上天、皇考默佑，叠赐嘉祥，兹又有河清之上瑞。朕细推天人感应之理，自非无因，应是内外臣工能体朕宵衣旰食之怀，洗阳奉阴违之习，分猷效职，有数端之善，上合皇天、皇考之心，是以赐兹福庆，以励将来。

黄河水清碑

　　尔等试再思之，人事甫修，仅有数端之善，即邀上天、皇考之嘉贶，若此倘能益竭忠诚，事事皆善，则其获福又当何如？或由此而侈然自足，怠惰前修，则其获谴又当何如？可不慎乎！可不惧乎！况天道恶盈，朕心方且因此益加戒儆，所请庆贺、典礼，朕必不行。朕念君臣之间实属一体，上天、皇考既垂训于朕，朕即以此训及诸臣；上天、皇考既赐福于朕，朕即以此福及诸臣。凡属京官，自大学士、尚书以下，主事以上，内大臣都统、前锋统领、护军统领、步军统领以下，参领以上；凡属外官，自督抚以下，知县以上，武官自将军、提镇以下，参将以上，俱著加一级。其王公等管理部、院、都统事者，应如何加恩之处，着宗人府议奏。

自兹以往，内外臣工当益加黾勉，精白乃心，各衷共济，矢勤矢慎，秉公去私，凛天鉴之匪遥，念感应之不爽，以至诚至敬仰承上天、皇考之眷佑，则受福孔多，永永弗替。勉之！勉之！

[附]：祭告河神文

维雍正五年，岁次丁未闰三月丁巳朔日，皇帝遣都察院左副御史、加一级觉罗常泰，致祭于显佑通济昭灵效顺黄河之神曰：

维神源通星汉，派衍昆仑，四渎称宗，九州称润，惠泽广远，灵应凤彰。顷者决口合龙，民居攸奠，既奏安澜之绩，旋呈清泚之祥，里计二千，时经旬月。赐福固由于天眷，效灵实显夫神功。用遣专官，虔修祀典，维冀光昭庥佑，永庆阜安，延景福于万年，溥纯禧于兆姓。尚其歆格，鉴此精诚。

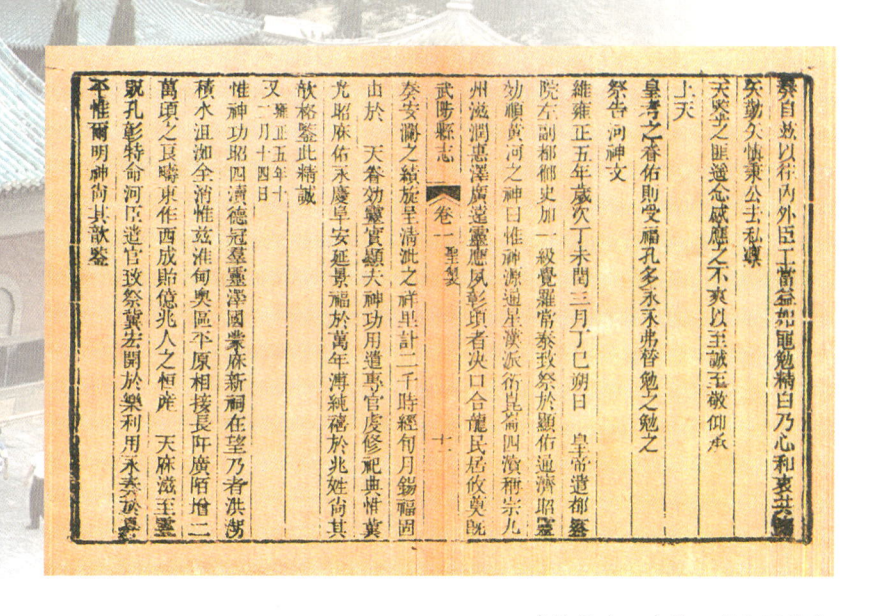

《武陟县志》中的《祭告河神文》

又

雍正五年十二月十四日

惟神功昭四渎，德冠群灵，泽国蒙庥，新祠在望。乃者洪涝积水沮洳全消，惟兹淮甸奥区，平原相接，长阡广陌，增二万顷之良畴；东作西成，贻亿兆人之恒乎。天庥滋至，灵贶孔彰。特命河臣遣官致祭，冀宏开于乐利，用永奏于惠平。惟尔明神，尚其歆鉴。

又

雍正六年十二月初九日

惟神灵发昆仑，源通星宿，启国书之上瑞，四渎称宗；迈□縠之崇封，百川咸纳。功宏润物，并天地以成能；利赖通漕，□天储以足用。

朕自御极以来，肇举明禋，□蒙神贶，波恬浪静。澄清上彻乎荣光，辟土便民；沮洳悉呈夫沃壤，至于安澜。循轨堤防按候以兴工；不日成功，章奏合词而告竣永，绵亘于三千余里，普美利于亿万斯年。惟滋政务之成修，实荷神

嘉应观祭祀场景（2010年）

灵之默佑，是用虔将祀事，报答鸿庥。特遣河臣肃申谢悃，所冀金堤永固，著嘉绩于平成；茂典长膺，庆洪流之底成。尚其歆格，鉴此苾芬。

又

雍正十一年

维神泽沛坤舆，源开天柱，安澜屡奏，恒福国以佑民；利涉咸资，用报功而崇祀，肃将彝典，敬答神庥。朕念切民生，心殷河务。惟中州武陟，实九派之下流，每当岁夏秋之间，值众水朝宗之候，沁黄交汇，暴涨难驯，堤岸周防，湍波易激。乃正切焦劳宵旰，已遂邀默鉴于神明，漫溢无闻，工程孔固，洪波九曲循轨以趋，巨浪千层顺流而下，俾民居安宅室，家享乐利之休，而岁克有秋年，谷志顺成之庆。昭兹灵贶，惠我烝黎，实慰朕怀，深为庆幸。命专官而致祭，申报享之精诚，冀英爽之式凭，赞平成而罔替，永重利济，懋著神功。尚飨！

总之，在过去的数百年中，嘉应观一直在治理黄河和祭祀黄河方面占据着极重要的位置。如今，她已成为黄河岸边一颗璀璨明珠。2010年1月，嘉应观景区被国家旅游局命名为国家AAAA级旅游景区。

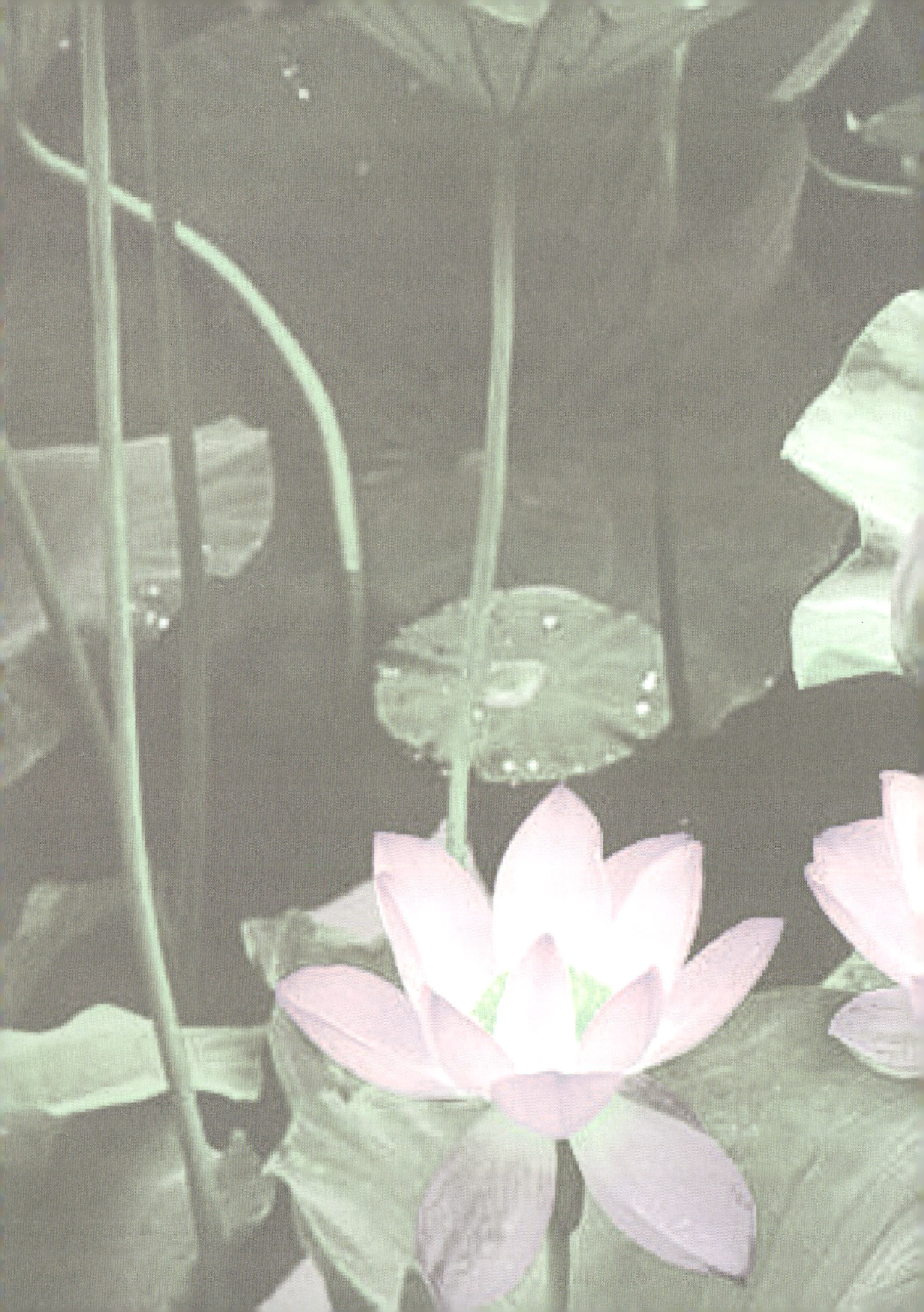

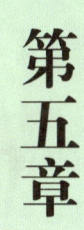

第五章 大河遗风民间传

在武陟这片土地上,黄河文化也以民间故事、歌谣、谚语等形式广为流传。这些口头艺术,有武陟人民在辛勤劳动中经验的总结,有对幸福生活的热切渴望,有对美好爱情的孜孜追求,有天真无邪的情感流露,有苦难经历的心酸历程,有劝人尽孝的善良民风,也有对时政无奈的讥讽。这些宝贵的文化遗产,在代代相传中历久弥新。

中国民间文艺之乡

　　武陟的故事传说、谚语、歌谣等民间文化非常丰富。它们是劳动人民在日常生活中智慧的结晶，涉及到不同行业、不同阶层的方方面面，是千百年来在这片土地上生活着的人们对生活的反映，在代代相传中流传至今。无论传说、谚语还是歌谣，都浸润着这片土地的特色，融入到博大精深的黄河文化之中，成为黄河文化大河中精彩的朵朵浪花。

一、传说中的黄河故事

　　在武陟，关于黄河文化的传说异彩纷呈，非常丰富。现在择其要者，将流传广泛而精彩的录选如下。

黄河水神治河图

黄河水神的传说

　　黄河水神在民间诞生已久，但历史上各朝各代水神的具体名称不同，大河

上下各段各地敬奉的河神与致祭的方式也不尽相同。史籍上记载的黄河水神，最早的一位是河伯。河伯在史籍记载中有"冰夷"、"冯夷"、"无夷"等名。最初很可能是大水有灵一类的自然崇拜，后来渐渐变成为人格化的水神。

大禹治水图

大禹，是国人最崇敬的历史人物之一，也是最著名的黄河水神。大禹治水"三过家门而不入"的无私奉献精神，更是为世人所无限敬仰。透过现象看本质，其真正意义却在于：首先他是我国历史上第一个奴隶制国家——夏王朝的真正创立者，其次是在他的治理下，黄河历1400余年无河患，世人成了最大的受益者。因此，大禹治水后的黄河河道也被世人认为是最佳的河道，并长期影响着后人的治河活动。

伴随着大禹治水的传说，人们逐渐把大禹当作黄河水神来敬奉。

武陟一带民间有《河伯授图》的传说，说是河伯冯夷受命治理黄河，但操劳一生也没有把黄河治好。到年迈时，他跋山涉水察看水情，绘了一幅黄河水情图，又历尽千辛万苦找到大禹，将水情图交给了他。大禹根据河伯授给他的这一幅图疏通水道，终于治理好了黄河。

这各故事讲的就是大禹是继河伯之后的黄河水神。河南武陟县嘉应观最高的建筑是禹王阁，阁内塑禹王锁蛟像，而且站在阁上就可以看到茫茫黄河。开封城东南有一座禹王台，高丘上建有禹王殿，原殿中供奉有高八尺的禹王铜像。山东济南龙洞山,旧名禹登山,传说为大禹治水登临处。

口述人:马金梅,女,乔庙人

口述时间、地点:2005年8月于县城

记录人:薛更银

大禹治水

禹接受治水任务以后,立即与益和后稷一起召集百姓前来协助。他视察河道并分析鲧失败的原因,决定改革治水方法,变堵截为疏导。禹亲自翻山越岭,蹚河过川,拿着工具,从西向东,一路测度地形高低,树立标杆,规划水道。他带领治水的民工走遍各地,根据标杆逢山开山,遇洼筑堤,疏通水道,引洪水入海。禹为了治水,费尽脑筋,不怕劳苦,从来不敢休息。他与涂山氏女名女娇新婚不久就离开妻子,重又踏上治水的道路。后来,他路过家门口,听到妻子生产,儿子呱呱坠地的声音,都咬着牙没有进门。第三次经过的时候,他的儿子启正被母亲抱在怀里,已经懂得叫爸爸,并挥动小手和禹打招呼。禹只是向妻儿挥了挥手,表示自己看到他们了,还是没有停下来。禹三过家门不入,正是他劳心劳力治水的最好证明。

夏禹与黄龙图

禹也关心百姓疾苦。有一次，他看见一个人穷得把孩子卖了，就把孩子赎了回来。见有的百姓没吃的，他就让后稷把仅有的粮食分给百姓。禹穿着破烂的衣服，吃粗劣的食物，住简陋的席篷，每天亲自手持耒锸，带头干最苦最脏的活。几年下来，他的腿上和胳膊上的汗毛都脱光了，手掌和脚掌结了厚厚的老茧，躯体干枯，脸庞黧黑。经过13年的努力，他们开辟了无数的山，疏浚了无数的河，修筑了无数的堤坝，使天下的河川都流向大海，终于根治了水患。刚退去洪水的土地过于潮湿，禹让益发给民众种子，教他们种水稻。

由于禹治水成功，帝舜在位33年后，正式将禹推荐给上天，把天子位禅让给禹。帝禹在位15年后逝世，葬于会稽（今浙江绍兴），终年100岁。

大禹是古代一位具有雄才大略的政治家、伟人。他治水是与治国养民结合进行的。在治水害的同时，他还指导人们恢复和发展农业生产，大兴水上运输，建设家园。每治理一个地方，他都主动团结氏族部落酋长，完善政权建设，使百姓安居乐业。史书记载，洪水退去后，一块块平原露出水面，他就带领人们在田间修起条条沟渠，引水灌溉，种植粟、黍、豆、麻等农作物，还让人们在地势低洼的地方种植水稻。禹不仅治理水患获得巨大成功，而且使农业生产也取得进步。孔子曾颂扬禹治水的功德说，我简直找不到他的一点缺点，他的宫室简陋却没有想到改善，而是尽全力平治水土，开沟洫，发展农耕，鼓励人民从事劳动。

口述人：宋富香，女，乔庙人

口述时间、地点：2002年8月于县城

记录人：薛更银

三过家门而不入

禹是鲧的儿子。相传生于西羌（今甘肃、宁夏南部一带），后随父迁徙于崇（今河南登封附近），尧时被封为夏伯，故又称夏禹或伯，是中国第一个王朝——夏朝的建立者，也是奴隶社会的创建者。

尧在位的时候，黄河流域发生了很大水灾，庄稼被淹没，房子被摧毁，老百姓只好往高处撤。尧召开部落联盟会议，商量治水问题。他征求四方部落首领的意见，派谁去治理洪水呢？首领们都推荐鲧。尧对鲧不大信任，首领们说："现在没有比鲧更强的人才啦，你试一下吧！"尧才勉强同意。鲧花了九年时间治水，没有把洪水制服，他就偷了天帝的能自生自长名叫息壤的土用来堵挡洪水，天帝知道后，大怒，命令火神将鲧处死。鲧临死前嘱咐儿子一定要把水治好。禹改变了他父亲的做法，带领群众凿开龙门，挖通了九条河，把洪水引到大海中去。他和老百姓一起劳动，戴着竹笠，拿着锹子，带头挖土、挑土，因为常年泡在水里连脚跟都烂了，只能拄着棍子走。经过十几年的努力，终于把洪水引到大海里去，地面上又可以种庄稼了。

禹到了三十多岁还没结婚，在涂山（今浙江绍兴县西北）遇到一个名叫女娇的姑娘，两人相互爱慕成了亲。禹新婚仅仅四天，便为了治水在外奔波，三次经过自己的家门都没有进去。第一次，妻子生了病，没进家去看望；第二次，妻子怀孕了，没进家去看望；第三次，他妻子涂山氏生下了儿子启，婴儿正在哇哇地哭，禹从门外经过听见哭声，也忍着真心没进去探望。

《史记》以极其虔敬的心情叙说了禹的丰功伟绩：他舍家为国，忘我工作，新婚只有四天就离家赴任，三过家门而不入，连新生的儿子也无暇照顾。为了全面了解水情和地势，他足迹踏遍了九州，勘察测量山形水势，疏导了九条河道，修治了九个大湖，凿通了九条山脉，终于战胜了洪水，使人民得以平土而居。禹不仅治理了水患，而且还考察了九州的土地物产，规定了各地的贡品赋税，开通了各地朝贡的方便途径，并在此基础上划定了各方界域，使得全国范围内形成了众河朝宗于大海，万方朝宗于天子的统一安定的大好局面。他是中国历史上第一位成功治理黄河水患的治水英雄。

口述人：丁家祥，男，乔庙冯丈村人

口述时间、地点：2000年8月于冯丈村

记录人：薛更银

汤王祈雨和堵口

据说在3500年前商汤灭了夏朝得了天下，刚登上天子宝座就遇到了七年大旱，江河里的水都枯干了，石头和沙子都快要晒化了，百姓叫苦不迭。史官卜

了一课说:"如果拿人来做牺牲,才有下雨的希望。"商汤说:"求雨是为了黎民,假如定要拿人来做牺牲,那就让我来吧!"说罢,他穿上白色的孝衣,身上绑着易燃的茅草,走到堆满柴禾的神坛上。巫师们在柴堆周围点着了火,熊熊的火焰包围了站在柴堆高处的商汤。商汤的虔诚之心感动了天上的雨神,,突然降下了瓢泼大雨。大火被浇灭了,旱象被解除了,人们欢乎雀跃,把商汤从柴堆上搀扶下来。

汤帝陵

谁知这雨一下开头,大雨和暴雨就不停歇。黄河水满堤岸,汹涌澎湃。那时黄河是从武陟东部流向东北入海的。武陟东部地势凹,汹涌的河水在这里冲开了大堤,淹毁了堤外大片大片的土地和村庄。百姓叫苦连天。商汤派人堵挡,九年都没堵挡住。史官又占了一课说:"要想堵挡住决口,除非人跳进水中。"商汤说:"水那么深,流那么急,人跳进堵挡,性命难保。非要人跳的话,哪就让我跳吧!"商汤说到这儿,身子转向决口,大声地呼喊着:"黄水,孽龙,快停住吧,我来了!"说着身子一纵,跳进了决口处。

商汤一跳进水里,堤上的大臣、民工都跟着跳了进去,决口处筑成了一道厚厚的人墙。孽龙害怕了，不敢越过人们身子，乖乖地顺着堤岸往下流去了。商汤忙令没下水的民工抓紧时间填土。待决口处筑成新堤后，商汤才从水中走出来。从此，这段堤再也没决过口。为了纪念商汤，人们在这里修建了一座商汤庙，把这段新堤叫汤王堤，堤根形成的村庄就叫汤王堤村。商汤领民工堵决口时住的地方，后来也形成了一个村庄，叫商村。黄河后来改道向东流了，这两个村庄保留了下来。

口述人：刘寸楠，女，汤王堤村人

口述时间、地点：1992年春天于汤王堤村

记录人：买慈悯

汤王庙的传说

武陟县城东三十里处，有个大土堆，高达丈余，方园百丈。据说是商汤王年迈时重游当年他站在燃着的柴堆上祈雨，又只身跳进黄河决口处堵水的旧地（即现在的汤王堤村和商村一带），突染重病，不幸亡故后就地埋葬的坟墓。土堆旁边有一个四五亩大的洼地，因为地势低，不长庄稼，只有些野草。一天，一个穷苦青年逃荒落户到商村，开垦这片洼地种上了小麦。每天五更，不知从哪里跑出来一匹金色小马驹啃这洼地的麦苗。它一啃，麦苗就长得特别旺盛。麦熟了，一亩地差不多打两石麦子，这四五亩地就打了八石麦子。因而此洼地又称八石洼。

土堆周围除了八石洼，都是宋陵大地主钱员外的地。他一亩地才打二斗麦子，因而非常眼红八石洼，要将自己五十亩地换小伙子开垦的四五亩洼地。商村这个穷小伙子看到五十亩地离家近，虽然一亩地只打二斗，可五十亩地也打十石，比八石洼打得多，因而他同意了。

第二年秋天，钱员外派长工在八石洼种上了麦子。冬天，麦苗长出来了，金马驹又来啃麦苗了，可奇怪的是啃一棵死一棵，没几天啃了一大半，死了一大半。钱员外看在眼里，恨死那匹马了。这天五更他悄悄来到了八石洼，见小马驹又来啃麦苗了，就拾起脚下一块瓦片砸了过去，正中金马驹耳朵，金马驹转身逃走了。从此，它再没来过。

汤王庙古槐

  钱员外还不死心。他听说金马驹是从土堆里出来的，土堆有一门，逢天、地、人三和才开。他天天在土堆周围转悠，等待门开。这天，可能正逢天、地、人三和，门开了。他便顺门而入，行不远，见屋舍齐整，不见行人，道旁一断耳马正在拉磨磨豆。他仔细一看，磨的全是金豆。他贪心骤起，伸手去抓。拉磨的那匹马看见，伸出后腿弹了他一蹄，一下把他弹出了门外。门又合上了，无任何痕迹。

  钱员外十分生气，就命长工挖大土堆的土垫那周围的低洼地，一是为了解恨，二是想看看土堆内到底有些什么。可只拉了一天，到了晚上钱员外家里的牲口棚内布满了长虫、蜈蚣等五毒虫，咬死了牲口。吓得钱员外一家病的病，死的死，逃的逃，家道败落了。

  于是，人们纷纷议论开了。有人说，那金马驹是汤王死后转化的；又有人说，汤王可能没死在这里，死的是汤王骑的马。不管怎么说，土堆里住的是神马。于是，人们在土堆上建了个汤王庙，予以祭祀。

  口述人：傅元直，男，乔庙商村人

  口述时间、地点：2006年7月于商村

  记录人：薛更银

白马泉的传说

武陟县沁河流入黄河的入河口有一个白马泉，泉水流出形成的河叫白马河。说起白马泉的来历，得从一段白马的传说故事说起。

白马泉

很久以前，怀庆、卫辉两府发生了百年不遇的大旱，河水断流，井水枯竭，庄稼、树木干死，不少人纷纷逃荒外出。有一家老俩口，靠家中一口水窖里的存水度日，没多久水窖也干涸了。一天，老头为了找水跑了几十里路，在一个山涧石隙里好不容易找到了一碗水，高高兴兴端着水回家。他快到家时，一匹嘴上起着干泡的瘦白马拦住了去路。老头往左走，白马就向左挡，老头向右躲，白马就向右拦。老头着急地说："我老伴在家快要渴死了，求你放我回家吧！"白马不仅不听，反而把嘴伸向老头端的水碗，看样子也是想喝水。老头说："我也很渴，但我老伴体弱有病，我不忍心先喝，要让老伴先喝。"不管老头怎么说，白马就是不让走。老头心想，反正不能回家，这马也怪可怜，就狠狠心把碗伸到白马的嘴边。白马喝完水，老头转身就走，打算再去弄碗水来，可他没走几步，白马叼住了衣领不让走。老头扭脸一看大吃一惊，白马变了，嘴上干泡没有了，精神抖擞地看着老头不住地点头，表示感谢。这时老人也笑了。

白马一声嘶叫，前蹄向前猛地一刨，地上出现了个马蹄形的坑。随着马蹄抬起，一股泉水咕嘟咕嘟地冒出地面，向四周漫溢。老头大喜，趴在泉边大喝起来。泉水进了肚，精神爽快，就大声吆喝："有水啦！有水啦！"人们闻声纷纷来此取水。

忽然一声惊雷，天上出现了许多天兵天将，大唤大叫要捉拿白马。这是怎么回事呢？原来，玉皇大帝近来十分昏庸，只顾自己整天花天酒地寻欢作乐，不顾人间死活。他只感到近几年怀、卫二府的人向他上供烧香的少了，为了惩罚这一带人，就命令东海龙王不准给这里降雨，所以就出现了大旱。东海龙宫中的一员门将叫小白龙，看到此景十分不忍，就想偷偷给怀、卫两府送水，不料被东海龙王发现后关进了囚牢。一天，小白龙见看守贪杯酒醉不醒，就化作一匹白马逃跑出来。这就出现了上面白马刨泉的故事。

看守酒醒之后不见了小白龙，就赶快禀报了东海龙王，又传到了玉皇大帝那里，于是就派天兵天将下凡捉拿小白龙。白马一看不好，就向东方撒腿狂奔，泉水也随着白马跑去的方向流成了一条河。

后来，人们为永记白马给这一带送来的泉水，就把白马刨出的泉叫白马泉，泉水流成的河叫白马河。

另一传说白马泉的由来和刘秀有关。当年刘秀征战王莽，兵败逃到武陟，人困马乏，口渴难耐，忽然刘秀所骑白马一声长鸣，前蹄刨出一泉，解了刘秀之困。后来刘秀龙兴于武陟，为感谢白马解围，便在此地建庙祭祀。

据现代专家考证，白马泉实为黄沁河在武陟堤外的一个灌涌泉。

口述人：侯桂兰，女，嘉应观乡人

口述时间、地点：1985年8月于嘉应观

记录人：侯正红

雍正与御坝

武陟县城东南三十里处的黄河大堤北侧，有个十分富饶的村子叫御坝。提起御坝，人们会想起清朝雍正皇帝治黄的故事。

康熙末年，黄河决堤于何营、詹店、马营等处。康熙皇帝先后派巡抚杨宗义、都御史牛钮、翰林院侍讲齐苏勒、总河赵世显、陈鹏年等大臣率领数万民工堵挡，整整堵挡了四年都没堵挡住。

雍正皇帝继位后，亲自率领大学士张鹏翮、侍郎嵇曾筠会同河南巡抚石文悼、总河齐苏勒等集于决口处视察。雍正皇帝面对着汹涌澎湃的黄河说："黄河南岸是邙山，地势高拔；北岸是平原，地势低洼。同时黄河与沁河在这一带交汇，二水相迭并涨，由于南高北低，水势必然凶猛异常，大堤就易冲垮。以朕之见，不能光加固月堤，必须在决口上面从姚旗营到秦厂之间筑个挑水坝，将黄河水挑向东南流。北边水势减弱，堵挡决口就易如反掌了。你们觉得如何？"

众大臣齐说："万岁圣明，应该如此！"

于是，总河齐苏勒把堵挡决口的民工全部调来筑坝。一队从西头姚旗营筑起，一队从东头秦厂开始。民工看见皇帝亲临现场指挥，个个劲冲牛斗。不到一个月功夫，数十里长的大坝差不多筑成了，可是到合龙时，怎么也不能成功。总河齐苏勒叫民工用钉船帮支于河口两岸，卷下拦水埽坝，也无济于事，都被湍急的河水冲走了。雍正皇帝看在眼里急在心头，心一横，夺过民工手里的铁锹，铲了一锹土说："河神在上，你们若能助我一臂之力，使我这一锹土下去把水堵挡住，我将亲自颁旨为你们塑像修庙！"说罢，将土填入水中。大臣和民工见皇帝亲自铲土堵口，也都争先恐后往里填起了土。

河神被感动了，暗用神法，使丢进水中的土固定下来，土越堆越多，超过

御坝碑

了水面，挡住了水流。

由于挑水坝筑成，把迎头水挑向东南流，詹店、何营、马营等处的决口水势大大减弱，民工随即堵挡住了决口。

雍正皇帝不失前言，随即颁旨在这挑水大坝的月堤外对面九叉路口上，修了一个特大的河神庙，塑造了禹王、金龙四大王、十家龙王、堵挡二将军诸神像，钦命御书嘉应观，顾名思义，即对他继位皇帝的美好应兆。

为了纪念这一壮举，雍正皇帝还将这个挑水大坝赐名御坝，并刻石立碑记之。后人就在这御坝碑旁边居住，建立村庄，名叫御坝村。

口述人：宋拂青，男，木栾店人

口述时间、地点：1995年10月于木城镇

记录人：王光先

陈鹏年和陈公祠

嘉应观西道院西侧有一个陈公祠。据说，它是雍正皇帝特旨为以身殉职的河道总督陈鹏年修建的。

陈鹏年，字沧州，湖南湘潭人，康熙三十年进士，做过浙江西安知县。当地豪强趁兵乱霸占民田，他上任后丈量土地，安置无业农民数十户，昭雪了烈妇徐氏十余年的冤案。当地许多人感恩戴德，改姓陈姓。后任江南河工、江南山阳知县、海州知州，均有政绩，曾负责漕运四万石粮米往山东放赈，因政绩卓著被擢升为江宁知府。

在江宁任上，陈鹏年遇到一个胸襟狭隘的上司巡抚顾阿山。顾阿山嫉妒他的才能，屡次设计陷害他。康熙下江南，顾阿山巴结皇帝，要陈鹏年穷当地人之所有供应皇帝，陈不从。顾阿山奏了一本，康熙因陈廉洁，未加贬戮。顾阿山又让他在一夜之间激流设石，供皇帝涉江检阅水师。陈鹏年身先士卒，冒雨完成了。顾阿山仍不甘心，劾奏陈鹏年受贿，侵吞税

陈鹏年像

银，私加税务关役，将陈鹏年下刑狱会审，罪名不能成立。顾阿山不能死心，又想出一条毒计，说他亵渎皇帝。当时地方官教谕士民，宣读圣旨，要焚香沐浴，在公堂、文庙、净洁之地颁读。江宁读书人多，陈鹏年又号召力大，一次因听旨的人太多，便改在南市楼为众多士民百姓宣讲，结果构成大罪，被判决死刑。江宁民众为之罢市，读书人打着旗子到康熙巡视停驻处游行。有位叫李光地的大学士，在和康熙皇帝闲谈时旁敲侧击揭露了顾阿山，康熙醒悟，赦了陈鹏年的死罪，免去他的知府职务，让陈鹏年进京编书。后来，葛礼又搜集陈鹏年的许多诗送给皇帝，企图借满族皇帝对汉族读书人的疑心，构成文字狱杀他。康熙再也不上当了，把陈鹏年的诗散发朝中大臣们传阅，并说："小人们害人的把戏就是这样的。朕岂能受他们的欺骗？你们看看这些诗有什么不妥当的地方……"陈鹏年又当了几次地方官，一有政绩，就有人攻击陷害。康熙皇帝均不理睬，只叫他回武英殿修书。这样的事发生过四五次。

康熙六十年，黄河在武陟决口，当时陈鹏年随他早年的知遇之人张鹏翮巡河，从山东西上到武陟，正逢左副都御史牛钮奉旨堵口。他察勘马营口之后说，老堤冲决八九里之长，大溜（主流）直下，水激浪涌，堵决不易，应在南岸开挖排洪道，引洪水东去，然后塞决。这个方案得到皇帝批准。时任河道总督赵世显因治河不力，遭到牛钮弹劾。皇帝罢免了赵世显，任命陈鹏年为河道总督，在马营协助牛钮和齐苏勒堵口。

在治河方略上，陈鹏年与河南巡抚一道，反对修筑大坝，缩小沁河口，结果黄河、沁河同时上涨，泄洪不利。但在堵口上态度坚决，马营口堵了四次，冲决了四次。他日夜守在工地，吃不进饭睡不着觉，熬红了眼睛，喊哑了嗓子，瘦得不成人形。第五次堵口终于合龙了。他累得吐血，再也支持不住病倒了。此时，康熙驾崩，雍正继位，忙派御医为他治病，但已无力回天，陈鹏年死在马营口治黄工地。

陈鹏年死后，雍正皇帝谥号"恪勤"，并特旨在嘉应观西道院西侧为他修了一座陈公祠，予以祭祀。

王小片收集整理

黑龙潭祈雨

近百年来，武陟县二铺营村一直流传着黑龙潭祈雨的故事。

传说二铺营村有一个穷人名叫郭老白，三十出头了还没成家。他父亲是个名厨师，他从小跟着父亲学了一手烹调煎炸好手艺。爹爹下世后他在本村开了个饭馆，开始生意还可以，后来家乡连年大旱，饭馆生意每况愈下。后来，他听人说修武县太行山里有个大水潭，每年不少月份都有人前往祈雨，到那里开饭馆准行。

得到这个消息后，他真的到那里开起了饭铺。他烙的烧饼又焦又香，炸的糖糕又酥又甜，生意十分兴旺。

一天晚饭后，一位白发银须的老汉来到饭铺闲聊。二人聊了一会儿，老人便转了话题说有一事相求，请他帮忙。老人说："今天晚上夜静后，潭水会发生变化。你见潭水变白，就往水里投石头；见水呈黑色，就把你的烧饼、糖糕往水里扔。"说罢，一眨眼那位老人不见了。老白心想这人定是位神仙，他的要求我照办就是了。

老白将锅碗洗涮完毕，扛了一大篮烧饼、糖糕大步朝潭边走去。

到潭边不多久，一阵狂风起，平静的水潭顿时翻波卷浪，一会儿白，一会儿黑。老白见水呈白色，就接连不断地向水里投石头；见水呈黑色，就将带的烧饼、糖糕往水里扔。

一会儿，风息了，整个潭水全成了黑色。原来这是两位龙王在争地盘，今天要看一看谁受百姓拥戴。谁受拥戴，潭就是谁的。检验结果是黑龙王最受拥戴，所以潭水都变成了黑色。潭名就叫黑龙潭。

第二天吃过晚饭，黑龙王又变作白发银须的老汉来到老白的饭铺，说要报答老白帮他战胜白龙王的恩情。老者道："为了报答你，我保你家乡再不会遭受旱灾。什么时候你的家乡需要雨，只要你来说一声，保证有求必应！"

后来每逢天旱，都是老白亲自牵羊，带领人们前来祈雨。全村青壮年三百多口，个个头顶柳枝编的绿色柳圈，敲锣打鼓，高举彩旗，高跷、旱船、小车、武术等十八路故事一字排开，浩浩荡荡，十分壮观。沿途所经村庄，老乡都在街上摆设茶水，提供饭食。每次祈雨都是百求百准，十分灵验。有时甚至祈雨人没有到家,雨就下透了。人们在风调雨顺中,度过了十年好光景。

到了第十一个年头,一连数月天没落一滴雨,麦子抽不出穗,秋庄稼也种不上,百姓心中焦急万分。村中一班子执事人又想到了祈雨。他们心想,今年是第十一个年头,按规矩要给黑龙王送十一只羊,那代价太大了,不如用纸张剪糊十一只纸羊来代替。

祈雨大军到了黑龙潭,将纸羊摆上供桌,又将大把大把的檀香点上。此时祭坛上空烟雾缭绕,铳声震耳,人们在供桌前行三跪九叩大礼。

祭祀毕,在返家的路上人们就想:可能咱到不了家,雨就下起来了。

可是,到家一看,仍是晴空万里,火辣辣的太阳炙烤着大地。人们这才明白,是拿纸羊代替真羊欺骗老龙王造成了恶果。

俗话说"心诚则灵"。人际交往需讲诚信,看来人对神灵也不能言而无信啊!

口述人:陈全结,嘉应观乡二铺营村人

口述时间、地点:2006年4月于二铺营村

记录人:金家瑶

莲花池的传说

在武陟县木栾店南,沁河大堤脚下有一个十来亩大的池塘。池塘里长着密密麻麻的莲藕,每到七月盛夏,莲花盛开,景色迷人,人们就称它为"莲花池"。

大约在明朝万历年间吧,沁河发了大水,在莲花池跟前决口了。滚滚的河水吞没了盛开的莲花,向京、津方向奔去。

明朝皇帝得到告急,立即派了姓黄的大臣组织堵挡。虽然黄钦差调动了成千上万民工,但是沁河水势太大,黄河水又往这儿倒流,所以整整堵挡了十二年也没堵挡住。

黄钦差整天吃不进饭睡不着觉,闷闷不乐,心神不定。一天晚上,他直到半夜才朦胧睡着了。突然大王神站在了他面前:"你可知道为何一直堵挡不住?因为决口底有个老鳖精。要想杀掉老鳖精,必须堵挡二将军!"

莲花池

　　他起床来到了工地，翻阅民工的花名册，看有没有叫堵叫挡的两个人，翻遍了却不见。他不免有点泄气，目光呆呆地盯着决口，忧愁又上眉端："去哪儿寻找堵挡二将军呢！"他正在这么自言自语，耳边突然传来了一个老太太的声音："堵、挡，乖孩子，快回家吃饭吧！"他循声音望去，只见两个孩子每人手里提着一串小鳖，连蹦带跳地跑到了老太太跟前。黄钦差好比孙悟空得到了铁扇公主的芭蕉扇一样欣喜，立即来到跟前挡住了母子三人的去路：

　　"你家住在何方？"

　　"河东郭堤村。"老太太回答道。

　　"家里都有什么人？"

　　"他们的爹在河决口那年堵决口淹死了，现在只剩我们母子三人。"

　　"这俩孩子多大了？"

"都是整整十二岁。决口那年那月那天生的。"

"他俩叫什么名字？"

"一个叫堵，一个叫挡。"

黄钦差觉得正和梦中相照，看来要堵挡决口，必须由这两个孩子来承担了。

"你娘仨不要回家吃饭了，请跟我到大王庙用餐吧！"

"贫民无功，岂能白去吃请！"老太太摇了摇头，拉着两个孩子就走。黄钦差拦住不放说："我请你们吃饭，是有要事和你们商量！"

老太太听说有要事商量，只好顺从了。

黄钦差把皇帝赐的山珍海味、杜康老酒摆了满满一桌，请他们母子快动筷动嘴。

堵挡二将军庙

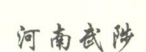

老太太见两个孩子伸手就抓，喝住道："先别动手。请黄大人先把事情讲清楚。能帮上忙咱就吃，帮不上忙回家吃咱的粗茶淡饭。"

黄钦差说："吃罢再说也不晚。"

老太太说："你要知道我这个人的脾气，无功决不受禄！"黄钦差看到老太太如此倔强，只好把昨天晚上大王神托梦，叫堵、挡两个孩子跳河堵决口的意思一五一十说了出来。老太太一听脸色马上就变了，这不是要两个孩子的性命？千军万马堵了十二年都没堵挡住，他俩怎么能堵挡住呢？我就这两个孩子，万一有个三长两短，我这今后的日子还怎么过呢？

可那两个孩子一听都一反常态，和别的小孩不一样。堵说："不就是去堵挡决口吗？俺俩都会凫水，钻进水里捉小鳖，半天不出来不碍事！请您相信，俺俩永远淹不死。怕个啥！"挡接着说："妈，我俩都爱好抓鳖，还怕这老鳖精了？"

黄钦差扑通一声跪在了老太太面前："大娘，今天我就认在您的膝下，您就是我的亲娘，我也是您的亲儿子。堵挡二位兄弟万一有个三长两短，我为您养老送终，披麻戴孝！"

老太太为难了，颤着声音说："这事让我再想想……"

老太太心碎了，摆了摆手说："你俩去吧，我不拦你们了！只是要当心啊！"

黄钦差率领堵挡兄弟二人来到了莲花池决口处，民工们还不住地往水里填铁锅、沙袋，可是填下去就没影了。紧接着，只听"扑通"一声响，堤岸又塌了一大片。"都暂停！"黄钦差下令道，"因为有老鳖精在决口底下潜伏，咱们再填土也无用，唯一的办法是先除老鳖精。现在大王爷派堵挡两位小将来捉拿老鳖精了。他俩捉了老鳖精，再填东西就能堵住。现在鸣炮三响，为堵挡二位小将下水捉老鳖精开道！"随着"咚咚咚"三声炮响，堵挡二兄弟一齐跳进了波涛滚滚的洪水中不见了。不一会儿，他俩大概捉住了老鳖精，在洪水中露出了两双簸箕大似的巴掌，洪水消退了。

黄钦差立即下令填沙袋和铁锅。决口终于堵住了，可是两位小将再也没有出来。老太太得到了噩耗，一步三跌地来到了莲花池，对着新筑起的大堤，撕心裂肺地哭喊："我的堵啊，我的挡啊！你俩一去不回头，把老娘我一个人撇下，心咋恁狠哇……"

黄钦差听到哭喊声，连忙来到跟前搀扶安慰道："娘，我不是有言在先嘛！您不要哭了。我要上报皇上，为二位兄弟立座丰碑，让世世代代的人们纪念他俩，敬仰他俩！"

不久，莲花池边就矗立起了一座堵挡二将军的丰碑，人们为了纪念堵挡二将军，还在莲花池修建了堵挡二将军庙。时间数百年过去了，堵挡二将军碑在"文化大革命"中被损坏，现只剩下残缺的巨大的驮碑的龟座静静地躺在沁河大堤上黄河工程局的院子一角。堵挡庙也是现代人修建的，香火颇盛。

口述人：冯启祥，男，嘉应观文管所工作人员

口述时间、地点：1985年县文化馆

记录人：宋翔生

老龙湾的传说

沁河在傅村东头拐了个大湾，称老龙湾。提起老龙湾，还有个美丽的传说故事呢。

很久很久以前，有个蜘蛛精来到了老龙湾。它从东到西织了个大网。人若到沁河里捕鱼或渡船，就会碰上蛛网，一碰上蛛网，就被粘住，蜘蛛精就把人吃掉。人们不能下河捕鱼或摆渡了，无不怨声载道。

这年夏季的一天，天气热得让人喘不过气来，庄稼叶都打起了卷。突然，从东北方刮来一阵大风，大风带来了一片乌云，天空顿时黑得伸手不见五指。只见电光一闪，只听"嘎吧"一声，一条小火龙在前，一条老青龙在后，冲向了蜘蛛精，与蜘蛛精展开了搏斗。蜘蛛精斗不过这两条龙，连忙逃往沁河底了。小火龙撕破了蛛网，老青龙追进了沁河。谁知坝是坚硬的石头，它一头触在石头上，头破了，身子卧在岸上昏迷不醒。这时乌云散了，小火龙恋恋不舍

老龙湾

中国民间文艺之乡

老龙湾险工碑

龙回头碑

中国黄河文化之乡 河南武陟

地望了老青龙一眼，无可奈何地飞走了。

　　人们见岸上卧了个老青龙，知道它是与蜘蛛精搏斗受的伤，对它又崇敬又同情，就从家里拿来木料给它搭起一个天棚，让它不被太阳暴晒，又熬武陟油茶喂它。到晚上老青龙醒了过来，带着重伤下到河里，劈死了蜘蛛精才升上天。

　　为了纪念为大伙儿解除灾难的老青龙，人们就将这个河湾起名老龙湾。

　　口述人：宋国育，三阳乡人

　　口述时间、地点：1989年5月于傅村

　　记录人：董广峰

龙王庙的传说

　　武陟县沁河北岸有个万花庄。很早很早的时候，村里有个姓高的财主，他为人尖酸刻薄，抠屁股嘬指头，外人送他个绰号"铁公鸡"。他每年雇的长工总是干不到头，一到种完麦，就要鸡蛋里挑骨头，专瞅长工们的毛病了。不是嫌吃得多，就是嫌力气小、干活少，到最无可挑剔的时候，就说你的样子丑丢他的人，你的个子低，外人笑话他没眼力；你脸上长个痣，妨主家；反正不到年底就把你解雇啦，这样既省粮又省钱。因此谁也不愿意给他当长工。除了这些，人们还有更恨他的呢。那时候，沁河两岸经常闹旱灾，庄稼苗被旱得干巴巴的，"铁公鸡"这时候就趁机勒索穷人。他说河水、井水都是他的，一担水一升粮食，到秋麦两季归还。这样谁会用得起呢？干瞪眼看着庄稼旱死。人们吃不上饭，有的逃荒走了，有的活活饿死了。因为"铁公鸡"造罪做恶太大，所以触怒了天公。

　　一天，万花庄来了个外地人，高高的个子宽宽的脸，虎虎势势，满身是力气。"铁公鸡"正愁没人干活，一见这人喜欢得头发梢都动了，死缠活缠，非要雇人家不可。外地人提出了条件：白天给东家干活，晚上愿干啥干啥，东家不能管。"铁公鸡"一琢磨，晚上他能干个啥？只要白天给我干活，管他夜里干啥去，于是就满口应承下来了。

　　外地人干活倒还很卖力气，不论干啥活，除去吃饭一会儿不停。"铁公鸡"见了，高兴得山羊胡一翘一翘的，两眼眯成了一条线。有几天，"铁公鸡"叫外地人浇园，出了怪事啦。头天，"铁公鸡"的地浇得湿漉漉的，第二天就成干巴巴的，而邻近穷户家的地却湿润润的。"铁公鸡"气得干瞪眼，没啥说。穷户人家也都很惊奇。从此，风言风语传开了："'铁公鸡'作恶太大，连水都不愿往他地里流。"

龙王庙

　　一天，这村的张老汉起五更到木栾店办事，一出村，忽然下起雨来了。这雨下得真怪，光往穷人地里下。张老汉往四周一看，被西边"铁公鸡"那块井园地里的一团金光照花了眼。老人定神一看，原来是一条金光闪闪的大青龙，龙尾缠在井旁的大槐树上，头扎在井里，"咕嘟咕嘟"发出一阵吸水声，不大一会儿，只见青龙仰起草篓一样大的头，张开斗一样大的嘴，瞪着碗口一样大的眼睛，两根金须一摇，在月明映照的地里下起罗面小雨，顿时一片白雾笼罩田野。

　　"咯咯咯"鸡叫了，大青龙也不见了，井旁却站着"铁公鸡"雇的那个外来长工。张老汉一声不响回村去了。不几天，"龙王爷给穷人下雨"的消息马

上传遍了全村。这消息也传到了"铁公鸡"的耳朵里，顿时吓得他浑身筛糠。他想起平时对长工的克扣，头皮发麻。咋办呢？他老婆给出了个主意：找个俊俏丫头许配给长工。如果成了亲，长工不仅前仇不记，还会诚心诚意给咱干一辈子。"铁公鸡"满心欢喜地照计行事，便给长工盖了一座新宅院，婚配了一个俊俏丫头，陪送了一些东西。这丫头也是穷家闺女，生得聪明伶俐，长工很喜欢她，小两口日子过得很舒坦。

"铁公鸡"以为从此以后长工会给他更好的干活，哪知地里干旱裂成大缝，庄稼枯萎，而四邻穷人家的庄稼都是黑嘟嘟的，拔着节往上长。"铁公鸡"敢怒不敢言，因长工不是凡人，怕惹不起。

这年二月二，长工和妻子在屋里闲谈，妻子纳着鞋底说："人家都说你是一条龙，你给我变个样叫我看看。"长工笑道："你不害怕吗？""不怕。"妻子话音刚落，针线筐里爬出一条小长虫，妻子用剪子挑起来扔出去："这有啥稀罕！就是这个样？"话音未落，顿时雷鸣电闪。妻子抬头一看，只见一条十几丈长的大青龙，浑身放着金光，从院里大榆树上一直缠到屋内大梁上，她顿时吓瘫了。又一声炸雷响过之后，长工和妻子都不见了。这时，高家大院着了天火，一连烧了三天三夜，数不清的金银财宝和高财主一家人，统统化为灰烬。

从此，当地百姓欢天喜地，再不受高家财主的剥削压迫了。河水井水任意使用，无边的田野长出了一片好庄稼，百姓们都过上了丰衣足食的日子，可是谁也忘不了好心的龙王爷，为了纪念他，人们在他住过的院子里修建起一座龙王庙，每年二月二还要唱戏为龙王爷祝寿。这个习俗一直沿袭到今天，龙王庙也保存得很好，被列为省级文物保护单位。

口述人：古荣芝，女，龙源镇万花庄人

口述时间、地点：1985年7月于万花庄

记录人：邹丁芬

此外关于黄河的传说还有许多，千百年来在人们中间传播。许多传说还流传甚广，妇孺皆知，不少人耳熟能详。

二、生活中的美丽歌谣

中国歌谣源远流长，文学史上的《诗经》三百篇，有着极重要的地位，影响了中国文学几千年。武陟的民间歌谣也极为丰富，涉及劳动、生活、爱情、儿歌、时政等各个方面，成为黄河文化不可分割的一部分。现将部分有鲜明个性的歌谣辑录于此。

描写生活中四季美景和人们劳动的场面。

十二月花歌

正月里爆竹花花满庭院，　　二月里迎春花争与春来。
三月里桃杏花花红满树，　　四月里梨花开是白皑皑。
五月里石榴花开红似火，　　六月里荷花水上铺来。
七月里芍药花瓣美，　　　　八月里玫瑰忒娇艳。
九月里菊花金黄一片，　　　十月里鸡公花笑红了脸。
十一月大雪花漫天飞舞，　　腊月里腊梅花迎着寒来。

注：本歌谣描述的是武陟沿黄一带十二月间不同的花开美景。
口述人：李氏，大封乡老催庄人
采录时间和地点：1995年8月于大封镇老催庄
采录人：宋道庆

十二月种菜歌

正月里菠菜青，　　　二月栽上羊角葱，
三月蒜苗往上长，　　四月莴笋扑棱棱，
五月黄瓜沿街卖，　　六月瓠子弯成弓，
七月茄子上了吊，　　八月豆角拧成绳，
九月辣椒红满枝，　　十月萝卜上秤称，
十一月蔓菁甜似蜜，　腊月韭菜用粪蒙。

注：本歌谣描述武陟沿黄一带一年四季的种菜劳作。
口述人：郭天英，女，西陶镇郭庄人
采录时间和地点：1995年8月西陶镇郭庄
采录人：郭凤安

十二月忙歌

正月里来正月正，　　正月浇麦不放松，
麦苗长得绿丝丝，　　来日定是好收成。
二月里来忙整地，　　家家户户把田耕，
麦地统统锄一遍，　　白地一个都不剩。
三月里来三月三，　　葫芦南瓜一起安，
种棉花，点直秋，　　多种芝麻吃香油。
四月里，麦梢黄，　　家家户户着了忙，
准备工具镰磨光，　　不久小麦就上场。
五月里来是端阳，　　男女老少齐登场，
牲口拉着石磙转，　　碾下麦子拿锨扬。
五黄六月天气热，　　浇秋锄地不敢歇，
人勤地不懒，　　　　庄稼往上蹿。
七月里来天转凉，　　去地要穿夹衣裳。
白天热来夜里冷，　　防止痢疾和肚胀。
八月里来中秋节，　　大忙就在这一月。
忙腾茬，忙收秋，　　土杂粪来运地头。
九月里来天更凉，　　去地要穿厚衣裳。
耩麦时，要认真，　　稠谷稀麦哄死人。
十月里来活式松，　　又摇萝卜又拔葱。
萝卜到家要埋好，　　大葱到家要晾晾。
十一月，不敢歇，　　挖牛膝，刨山药。
哈哈热气搓搓手，　　西北风来逐渐烈。

十二月，忙过年，　　打个小工挣个钱。
又杀猪，又买菜，　　欢欢喜喜过大年。

注：本歌谣描述了武陟劳动人民一年四季的辛勤劳作。
口述人：苗发财，男，大封镇人
采录时间和地点：1998年7月大封村
采录人：苗小四

描写日常生活场景。

天皇皇

天皇皇，地皇皇，
俺家有个夜哭郎。
过路君子念三遍，
一觉睡到大天亮。

注：在武陟，当谁家的小孩晚上很爱哭的时候，就会唱起《天皇皇》这首歌谣，小孩子听着听着就不哭了。
口述人：王盆草，女，大虹桥乡李马蓬人
采录时间和地点：1988年3月李马蓬
采录人：李祖瑶

小两口抬水

一位小姐二十一，　　嫁给一个小女婿，
整整比她小十岁，　　过年刚满有十一。
一天两口去抬水，　　一头高来一头低。
小姐后面一用劲，　　小女婿摔了个嘴啃泥。
愤愤爬起指着妻：　　"掏了金钱买了你，为何这样把俺欺？"

拾粪老头在旁说： "谁家孩子会不给他娘置气。"
小女婿骂一声： "你这老头不是好东西！
俺本是一对小夫妻， 你怎能将俺俩母子比？"
拾粪老头本无意， 遭受辱骂心有气。
"这小孩说话太没理， 难道她不是你娘是你姨？"

口述人：郭习荣，乔庙乡后赵村人

采录时间和地点：1998年，乔庙乡后赵村

采录人：黄保良

数九歌

一九二九不出手，

三九四九沿凌走，

五九柳不发，春打六九头。

七九六十三，行人路上把衣宽。

八九七十二，沿河插柳树。

九九杨落地，

十九杏花开。

注：这是一首描写武陟地方节气变化的歌谣。

口述人：李耀敬，大虹桥乡李马蓬村人

采录时间和地点：1988年3月，李马蓬村

采录人：李祖瑶

武陟也有许多描写爱情的歌谣，描述青年男女对爱情的追求，离别后的思念，以及对美好未来的向往。

小放牛（小调）

踏春郊外用目察，　北面来了个女娇娃。
头上戴的牡丹花，　身上穿的是绫罗纱。
杨柳细腰一把掐，　粉脸嫩的像葱芽。
我有心上前跟她说说话，
可又怕她变脸作色把俺骂。
只有眼里看着她，　心里好似小虫爬。
从此得了相思病，　不知何年何月能娶她。

注：这首歌谣描写的是一个青年在郊外，看到一个美丽的姑娘而相思的故事。

口述人：刘氏，小董乡小董村人
采录时间和地点：1999年8月于小董村
采录人：马三宝

画粉墙（小调）

佳人泪汪汪，　哭一声夫郎，
你去赶考，　奴画粉墙。
一天不来，　奴画一道，
两天不来，　奴画一双。
一去三载，　奴画满墙。
等你念你，　为什么你在那里不回乡？

口述人：何俊龙，男，万花村人
采录时间和地点：1999年3月于万花村
采录人：古生田

描写自然灾害及落后习俗给人们造成的苦难。

光绪三年不收田

头年淹来二年旱，　光绪三年不收田。
人吃人来狗吃狗，　饿得老鼠啃起砖。
针穿黑豆沿街卖，　河里杂草用秤掂。
三四十岁中年女，　一斤才值一文钱。
一二十岁小媳妇，　全身才值一串钱。
六七岁的小孩儿，　一个才换俩鸡蛋。
十七八的大姑娘，　标致才值几百钱。
光绪三年不收田，　黎民百姓度日难。

注：这首歌谣描述的是光绪三年武陟大灾，沿黄一带老百姓的苦难生活。

口述人：王佐珍，女，三阳乡人

采录时间和地点：1998年4月于付村

采录人：吴自申

童养媳

小枣树，当风摇，　童养媳妇真难熬。
公婆打，男人骂，　一日三餐吃不饱。
有心逃出鬼门关，　爹娘讨饭无处找。

注：这首歌谣描述了过去社会最底层人们悲惨无奈的生活状况。

口述人：刘凤琴，女，二铺营村人

采录地点：二铺营村

采录人：金家瑶

小白菜，就地黄

小白菜，就地黄，　俺爹爹，娶后娘。
娶了后娘二年半，　生下妹妹比俺强。

妹妹穿着绫罗缎，　俺穿粗布烂衣裳。
妹妹吃着焦油馍，　俺吃黑馍和粗糠。
拿张纸，点炷香，　坟圪垱上哭亲娘。

口述人：李氏，北郭乡李后庄人
采录时间和地点：1998年5月于李后庄
采录者：侯生轶

武陟这里儿歌非常丰富，在乡下随便找个村庄，找个儿童，都能唱出几段儿谣。这里摘录的是比较有影响的几首。

山老鸹

山老鸹，尾巴长，　娶了媳妇不要娘。
把娘背到山沟里，　媳妇请到炕头上。
烙油馍，擀酸汤，
媳妇媳妇你先尝。
我到山沟看咱娘，咱娘变成屎壳郎。
飞起"嗯"，掉地"腾"！
拿起看，象块炭。
撺到煤火里做顿饭。

讲述人：王盆草，女，大虹桥乡李马蓬村人
采录时间和地点：1998年3月于李马蓬村
采录人：李祖瑶

小老鼠，上灯台

小老鼠，上灯台。　偷油吃，下不来。
"咪咪咪"，猫来到。　叽里咕噜滚下来。

口述人：王盆草，女，大虹桥乡李马蓬村人

采录时间和地点：1998年3月于李马蓬村

采录人：李祖瑶

小白鸡，上草垛

小白鸡，上草垛。　跟娘睡，娘打我。

跟爹睡，爹拧我。　跟狗睡，狗咬我。

跟猫睡，猫抓我。　跟猪睡，猪哼我。

咯嘀咯嘀气死我。

口述人：王盆草，女，大虹桥乡李马蓬村人

采录时间和地点：1998年3月于李马蓬村

采录人：李祖瑶

小白鸡 一胳膊水

小白鸡，一胳膊水，

奶奶杀鸡我拽腿。

奶奶给点肉肉吃吧！

打你个小捞嘴。

注：歌谣唱的是小孩子嘴馋要东西吃。

口述人：王盆草，女，大虹桥乡李马蓬村人

采录时间和地点：1998年3月于李马蓬村

采录人：李祖瑶

武陟坐落在黄河岸边，境内有黄河大堤和沁河大堤。人们在筑堤修坝抵抗洪水、拉纤行船以及其他生产劳动中，喊出了许多雄壮而优美的劳动号子。它们产生于劳动，又服务于劳动，具有协调和指挥劳动节奏的实际功用。对于集体协作性较强的劳动，它们统一了步伐，调节了呼吸，释放了身体负重的压力。

打硪号子是劳动人民在打硪过程中唱的，在武陟广泛流行的有——

高高山上一座楼

高高山上一座楼，　　姐妹仨人巧梳头。
大姐梳个龙盘睡，　　二姐梳个五蓬楼。
唯有三姐梳得好，　　梳个狮子滚绣球。
绣球滚到东洋海，　　挡住海水水倒流。

口述人：李耀敬，男，大虹桥乡李马蓬村人
采录时间和地点：1998年3月于李马蓬村
采录人：李祖瑶

石磙硪

怕字歌

天怕浮云地怕荒，　　人怕病老物怕伤。
君子最怕小人怨，　　好汉怕遇无赖帮。
贤妻害怕夫乖癫，　　孤苦孩儿怕后娘。
寡妇只怕深夜暗，　　光棍也怕睡凉床。
恩爱夫妻怕溜单，　　老年得子怕少亡。
街头怕遇追债主，　　冤家害怕逢他乡。
亏心人怕沉雷降，　　虚情假意怕天长。
得意之时怕失意，　　失意更怕暗箭伤。

口述人：岳保定，男，北郭乡岳马蓬人
采录时间和地点：1998年3月于岳马蓬
采录人：宋新国

硪

硪

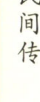

高高山上一庙堂

高高山上一庙堂，	姑嫂二人去烧香。
嫂嫂烧香求儿女，	小姑烧香求夫郎。
烧香跑到少林寺，	少林寺里有和尚。
一见和尚中了意，	要与和尚去拜堂。
等了三天不见娶，	打起包袱找他娘。
和尚他妈下了话，	当天和尚就还了乡。
正月定亲二月娶，	三月生下小儿郎。
四月会爬五月走，	六月送他到学堂。
七月上京去赶考，	八月得中状元郎。
九月夸官去上任，	十月告老转回乡。
十一月得了一场病，	腊月二十把命丧。
要说小孩生得苦，	一辈子没吃祭灶糖。

演唱人：薛海通，男，乔庙乡后赵村农民

采录时间和地点：1989年8月后赵村

采录人：黄保良

高高山上一孔桥

高高山上一孔桥，	手扶栏杆往下瞧。
斗大的葫芦沉水底，	千斤的石头水上漂。
布袋驮驴跑得欢，	手拿牛粪铲木锹。
小鸡爱吃老鹰肉，	家中老鼠乱撵猫。
东西大路南北走，	出门碰见人咬狗。
拾起狗来打砖头，	反让砖头咬了手。
稀奇稀奇真稀奇，	麻雀咬死了老母鸡。
我说这话颠又倒，	颠倒的事还真不少。

复堤打硪场景

演唱人：马旺，男，大虹桥乡李马蓬村农民
采录时间和地点：1998年3月于李马蓬村
采录人：李祖瑶

英雄谱

一女贤良数孟姜，　　二郎担山赶太阳。
三人哭活紫荆树，　　四马投唐效秦王。
伍员曾把韶关过，　　镇守边关杨六郎。
七郎射死芭蕉树，　　八仙过海闹东洋。
九里山中活埋母，　　十面埋伏困霸王。
十一云南夸关索，　　十二征西杨满堂。
十三太保李存孝，　　十四铁篙王彦章。
十五罗成夺帅印，　　十六岳飞挑梁王。
十七大刀王怀女，　　十八薛刚大反唐。
十九刘秀坐天下，　　二十八宿闹昆阳。

演唱人：韩永成，男，大虹桥乡原马蓬村人

采录时间和地点：1998年3月于原马蓬村

采录人：李祖瑶

黄河在武陟境内流速变缓，所以武陟县的黄河船号一般以慢号为多。因年代久远，行船已没，现在能唱船号的人已经不多。在地处黄河滩上的姚旗营村现存下列几首。

过三门

一条飞龙出昆仑，
摇头摆尾过三门。
吼声震的邙山裂，
波浪滔天把船行。

演唱人：王喜印，男，姚旗营人

采录时间和地点：1990年5月西营村

采录人：李祖瑶

行船歌

我家住在姚旗营，
黄河北岸沁河根。
风光赛似江南美，
一路高歌把船行。

演唱人：李小河，男，姚旗营人。

采录时间和地点：1990年5月西营村

采录人：王东方

烧赤壁

  三气周瑜在江东，
  诸葛将台祭东风。
  祭起东风连三阵，
  火烧曹营百万兵。

  演唱人：王喜印，男，姚旗营人。
  采录时间和地点：1990年5月西营村
  采录人：李祖瑶

三、流传中的谚语真谛

  关于黄河的民间俗谚，在武陟一带主要是广泛流传在广大群众口中的总结生产和生活经验的固定句子。这些俗谚通过生动活泼的言语形式点破事实真谛，或者刻画行为，描摹形象，给人以浅显易懂、概括洗炼的感觉。俗谚来自民间，创作者是底层文化人和广大劳动人民。它经过了时代更迭，在人民群众中口耳相传，既有深厚的人文积淀，又富含深刻的人生哲理，饱含生活情韵，言简意赅，幽默、诙谐、朴素，并具有研究黄河治理、民俗、社会、语言、文学、教育等方面的人文价值，对提高本土文化意识，加强对本土文化的认知，有重要作用。

关于黄河的谚语

  不见棺材不落泪，不到黄河不死心。
  黄河清，圣人出。
  黄河百害，唯富一套。
  跳进黄河洗不清。
  黄河面恶心善，长江面善心恶。
  黄河归来不看川，五岳归来不看山。

三年两决口，百年一改道。

黄河决了口，县官活不成。

九曲黄河十八弯，一碗河水半碗沙。

黄河尚有澄清日，岂可人无得运时。

大水冲了龙王庙，一家人不认识一家人。

黄河之水天上来。

铜头铁尾豆腐腰。

下面我们对部分谚语进行一些简单解读。

不到黄河心不甘。

也叫"不到黄河心不死"或"不到黄河不死心"。意思是指人不到无路可走的地步是不肯死心的，比喻不达目的不罢休。

说尽黄河只为水。

意思是：说了好多话，目的只有一个。比如：你不用再争辩了，说尽黄河只为水，你还是对我有意见。

跳进黄河洗不清。

这句话的本意是说受了很大冤屈，就算跳进黄河这样的大水里也洗不清了。其实，不论是谁跳进黄河就别想洗清。因为黄河的泥沙颗粒很细，有时河水甚至成泥浆状，沾在身体上确实不易洗净，真的成了"跳进黄河洗不清了"。

君不见黄河之水天上来，奔流到海不复回。

这句诗说的是黄河从西方遥远的天际奔腾而来，又滚滚东逝入海。今天，"黄河之水天上来"常常被人们用来形容黄河下游的"悬河"现象。"悬河"，是指河床高出两岸地面的河流，又称"地上河"。悬河的成因是含泥沙量大的河流，至河道开阔、比降不大、水流平缓的河段，泥沙大量淤积，河床不断抬高，水位上升，而为了防止水害，两岸大堤亦随之不断加高，年长日久，河床高出两岸地面，成为"悬河"。黄河至下游后，每年大约有4亿吨泥沙淤积于下游河道，河床逐年抬高，使黄河下游成为世界上著名的"悬河"。现在黄河下游的河床，一般比堤外地面高出3-5米，真成了所谓的"黄河之水天上来"了。由于河道高出地面，武陟以下的黄河下游河道成了淮河、海河两大水系的分水岭，从严格意义上来说黄河两岸已不属于黄河流域了。

三年两决口，百年一改道。

这是黄河历史的真实写照，是黄河区别于其他河流的显著特点。因此，在黄河下游河道的变迁史上，就有了源于下游决口改道而带来的多个黄河故道。如禹河故道（亦称《禹贡》河道）、西汉故道、东汉故道、明清故道等。

九曲黄河十八弯，一碗河水半碗沙。

黄河的弯多，素有"九曲黄河"的说法。黄河在黄土高原转了许多大弯之后，呼啸奔腾远去，留下那首高亢的信天游民歌在我们耳旁回荡："你晓得天下黄河几十几道湾？……天下黄河九十九道湾。""九"和"九十九"在古代是形容多的意思，说明黄河的弯曲多。黄河自河源到河口，有很多大的弯曲，干流的主要大弯有六个，小弯更多了，大多在黄土高原。大弯中180度的大弯有三个，90度的大弯有两个，45度大弯有一个，而黄河总的走势就构成一个"几"字型的大弯，总的流向仍然是自西向东。自河源至河口直线距离仅为2068公里，但实际流程是5464公里，是直线距离的2.64倍。

大水冲了龙王庙，一家人不认识一家人。

这一谚语多用来表示说，自己人在无意中坏了自己人的事，不是故意的，但是造成了很严重的后果。龙王庙多建于河段险工地段，随着年久日深或河水暴涨等原因，多被河水冲坏。冲击之时殿倒庙塌，龙王神像毁坏，而大水也被人们认为是龙王发起的。龙王发水冲坏了自家的庙宇，岂不是不认识自家人吗？

在武陟这片土地上，黄河沿岸的劳动人民世世代代用口头文艺形式记录着自己的劳动和生活。这些深烙着黄河泥土气息的文化遗产，将继续在此生生不息，流传下去。

第六章

河润千古育奇葩

在武陟这片黄河水浇灌的土地上，孕育出丰富灿烂的物质以及非物质文化奇葩。它们既是千百年黄河文化不朽的见证，也是古老而又年轻的黄河文化生命的延续。

历史遗留下的文化痕迹，在武陟这片土地上比比皆是，随处可见。从古代到近代，时间跨越几千年，面对这些丰富的文化遗存我们可以穿越时空，深刻领略到博大精深的黄河文化，授受灵魂洗礼。

一、古代文明遗址

武陟境内的古代文明遗址很多，著名的有赵庄遗址、东石寺遗址、汤帝陵商村遗址和古阳堤等。

东石寺遗址 武陟东石寺遗址是河南省第一批文物保护单位，是我省现存规模最大、内涵最丰富的古代文化遗址之一。遗址位于黄河北岸，武陟县城北不远的一片高地上。其东北为古河凹地，沁河在其西北向东南蜿蜒流入黄河。该遗址东西长约1000米，南北宽800米，总面积约10万平方米。由于历年来砖瓦窑场起土，遗址大部分已遭破坏。遗址范围内到处可见仰韶文化、龙山文化及商文化的陶片，还可采集到石器、骨器、兽骨，并发现有鹿角、兽牙和大量蚌壳等。

发现的遗物石器、骨器、蚌器。如：石斧、石铲、石锛、石凿、石环、石球、骨锥、骨簪、蚌镰、蚌刀。陶器属于仰韶文化的有：钵、彩陶罐、彩陶碗、盆、罐、澄滤器、缸、尖底瓶、鼎等；属于龙山文化的有：泥质和加砂灰陶罐、盆、瓮、缸、碗、钵、甗等；属于商文化的大口樽、鬲、缸、罐、瓮、坩埚等。

东石寺遗址是一处以仰韶文化为主要内涵的新石器时代文化遗址，它处于仰韶文化大司空村类型和大河村类型之间，与两者有较多的联系，又有较大的差异。东石寺的龙山文化遗址应该处于河南龙山文化中期或者略早。而东石寺遗址中商文化采集标本比较少，根据遗存文物情况

出土文物石铲

看，东石寺遗址中至少应有一部分属于早于郑州二里岗时期的商文化遗存。

赵庄遗址 赵庄遗址位于黄河大堤北岸，武陟县城西南26公里的大封镇赵庄村南，是莽济二水入黄的交汇处。属于仰韶文化、二里头文化早商和周文化，是省级文物保护单位。赵庄遗址由南而北呈倾斜状。

遗址分布面积75万平方米，由东北至西南呈条带状，由东西两个区组成。遗址文化内涵非常丰富。南缘大断崖和东部，均暴露有明显的灰坑、墓葬及居住遗址。遗址东部暴露和地面散布有红、灰加沙泥质各种陶片，中部发现有完整泥质红陶瓮棺葬具、釜及成层的红烧土块、凌乱的人骨等。器形多见小口尖底瓶、釜、敛口钵。东北部则多见泥质红陶罐、盆、黑加沙小杯等。西部主要为夹砂灰陶和泥质灰陶片、石器生产工具等，以商代早期的大口樽、鬲最为多见，其次也有罐、盆、小口尖底瓶等。同时，全遗址散布相当多的东周绳纹大板瓦及战国空心砖等。

遗址中部为仰韶文化，出土较多的有泥质红陶钵、瓮棺葬具、红陶罐等。遗址西部商代文化比较丰富，上层为现代土，中层内涵器物有鬲、大口樽、罐、盆、缸、瓮等，以细绳纹为主，下层除绝大部分陶片外，还有骨簪、骨锥、石刀、石铲、石镰等，可辨器物有鬲、罐、盆、樽、豆、小口尖嘴瓶、平口瓮、钵、甑等。

赵庄遗址文化内涵极为丰富，以仰韶文化为主，兼有龙山文化、二里头夏文化、早商文化、东周及战国文化。此遗址面积之大，内涵之丰富，实属罕见，对研究我国新石器时代中晚期原始公社进入奴隶社会这一漫长的历史可以提供重要的实物佐证。

大司马陶唐遗址 该遗址在武陟县城西南的20多公里处，距离黄河、沁河大约5公里左右。县文物勘探队在1990年7月发现了该遗址。遗址主要包括河南龙山文化、二里头文化、商代文化。从该遗址出土的文物有石铲、石镰、石镞、砺石等石器，以及品种众多的陶器。大

出土文物陶鬲

司马陶唐遗址的发现，是人们对黄河以北、太行山以南地区的古代文化很大的补充和完整，它也是黄河中下游流域古代文化的重要组成部分。

汤帝陵商村遗址 在武陟县城往东大约20多公里，有一处商代遗址——商村遗址。商村遗址地表文物有商王庙、汤帝陵等。商王庙仅存宋代重修商王庙石碑一通，元代重修商王庙石碑两通。碑文中称颂成汤灭夏桀救民于水火的功德，表达历代对商代陵寝的崇敬、祭祀（碑文称"巨陵戴"）。汤帝陵有据传是唐代尉迟敬德手植的古槐一棵，苍老虬劲。商王庙的北面和东面散布着8个大型墓冢，遗址总面积约为6万平方米。

宋代重修商王大殿碑记

20世纪50年代，商村遗址地表和附近的古阳堤上，发现大批散落的青铜箭镞和古陶片，引起考古专家和文物管理部门的关注。北京大学考古专家在表层初步试掘中，获得了大量的石刀、石斧、骨针、陶片、贝壳、兽骨，经评估定为龙山文化和仰韶文化层，大批文物属于商周文化遗存。1963年，河南省人民委员会公布商村遗址为文物保护单位。

考古人员从商代遗址推断，商王庙是成汤死后不久修建的，后因年代久远，屡毁屡建。遗址中出土有东周粗绳纹筒瓦和板瓦。现存《宋重建商王庙大殿记》，明确记载了该庙是在旧址上重建的史实。成汤死后的葬地史学家尚无定论。据《括地志》记载："武陟东三十五里商村，有商成汤陵。"清《怀庆府志》墓葬卷也有同样的记述。在《括地志》中，别无"成汤陵"的记述。

钻探显示，商村遗址周边为黄河、沁河沉积泥沙，商王庙、汤帝陵下为高于地面6米的红色砼浆土，底部面积62500平方米，其中长宽各为250米，再往下因地下水位太高无法探测。

商村遗址历经3000多年的风雨侵蚀，仍高于地表，可见当初之雄伟壮观。

古阳堤 在深受水患影响的武陟县东的中心线上，有一条古村落带，自木栾店起往东有马曲、大城、圪垱店、商村、邸圪、张家寨等。其中，木栾店的历史可以追溯到秦代的穆陵关,马曲在宋以前是冷庄,而大城则是秦始皇所封武德县的治所,邸垎的村名来源于北魏时在此地设立邸垎仓,垎垱店宋以前叫青龙镇。

这条古村落带正好位于黄河故道古老的左岸地方——古阳堤一线。古阳堤起自武陟,经获嘉、新乡、延津、汲县、浚县,终于滑县的古黄河大堤。它兴起于春秋,形成于战国,统一完臻于秦,具有相当规模于汉。《河南通志》及1983年出版的《黄河史志资料》称"太行堤",当地统称"古阳堤"。

有史以来,黄河由武陟到滑县的流路基本不变,此段最早的左岸堤防就是古阳堤。公元1194年这条古河道绝流后,武陟段黄河逐步演变为明清至今的河道,古阳堤逐步退出其主要的堤防作用,渐渐地泯为一线。

二、著名治黄遗迹

武陟县处于黄河中游和下游的分界点,是治理黄河的重要枢纽位置。武陟的著名治黄工程在古代有古阳堤,近代有御坝,当今有人民胜利渠。古阳堤已经退出历史舞台,但御坝和人们胜利渠现今仍在发挥着作用。

御坝 武陟黄河堤防上现有一石碑,上书"御坝"二字,相传为清雍正皇帝亲笔。临近的一个村子也因此而得名。

黄河在沁河口以下至詹店约9公里,自古为黄河故道,原来没有堤防,黄河经常在此泛滥。康熙六十年八月,河决马营口,水入张秋,淤塞运粮河道,震惊朝野。朝廷重臣、河道与地方官员云集武陟共议堵河大计。大家正忙着在李先锋庄筑坝,钦差左副都御史牛钮、侍讲齐苏勒、员外郎马泰赶到,传达了康熙皇帝的旨意:在定船帮支河口建拦河坝,挑水南行后再堵决口。

御坝碑

从康熙六十年八月秦厂决口到雍正元年正月马营堵口合龙，清政府集中了倾国之人力财力来与黄河对抗。其间国库曾一度入不敷出，无奈之下，朝廷急令周边各省将应上解京城的白银和粮食直接押送到武陟。

经历艰难的堵口之后人们意识到，如果没有一条新的大坝，黄河在武陟段就难以安澜。雍正即位后决心在旧堤前临水筑坝，根治沁河口这段黄河防汛的"豆腐腰"。在国库倾力支持下，雍正元年秋汛前，9公里长的巍巍黄河大坝终于修筑起来。这时恰逢黄河、沁河一起涨水，河水滔滔冲向大坝。如果此时再次决口，不仅证明这地方确实不能建坝，而且北方将再次遭殃。面对滔滔洪水，牛钮、嵇曾筠率民工日夜守护大坝，加高加固。等到汛后水退，奇迹出现了：一方面被挑往南岸的河水主流冲击河沙，涮深了河道；另一方面大坝背水，泥沙淤积，成了高滩，从此变成了滩坝。此后至今300余年，黄河再也没有从这里决口。雍正二年四月，雍正皇帝亲书"御坝"二字，命人刻碑立在坝上。

人民胜利渠渠首纪念馆 渠首纪念馆位于武陟县城东18公里的嘉应观乡秦厂村南。渠首纪念馆建于1950年，原是供修建渠首工程的苏联专家居住的，由水利部顾问苏联专家布可夫·沃洛宁指导按照苏联风格建造。纪念馆共五间，长17.5米，宽8米。

人民胜利渠渠首碑

1952年10月31日毛主席视察黄河时曾在此休息，后改为毛主席视察渠首纪念馆。1999年6月20日江泽民总书记视察黄河后，将纪念馆更名为毛主席、江总书记视察展览馆。馆内保存了两代领导人视察时的珍贵资料、照片，使用过的茶杯、毛巾、桌、椅、棕床，摇过的启闭机、题词及所用的笔墨纸砚，还有历年来各国水利专家来渠首考察黄河水资源的资料照片，以及劳动人民战天斗地的珍贵资料照片，陈列着人民胜利渠渠首灌溉区域图等，供游人参观。

三、黄河岸边民俗

　　武陟民风淳朴，民俗丰富。其中著名的民间艺术表演有黄河盘鼓、大圣鼓、龙灯、旱船、二股弦、哼小车与担经扑蛾等。

黄河盘鼓

黄河盘鼓 武陟黄河盘鼓是黄河文化的主要遗存之一。武陟县紧邻黄河北岸，自古在治理黄河的历史中，当地一直有在堵口筑坝时以鼓催阵的习俗。加之其深厚的文化底蕴，当地民间鼓乐之风极盛，长期以来形成了独具特色的盘鼓文化。武陟盘鼓以大鼓大镲为主奏，表演者胸前挂鼓，手持鼓槌，持镲者分列鼓队两边，指挥者手持龙旗，其节奏变化丰富，表演行走自如，加之在表演中又融合了舞蹈、武术动作，场面壮观，振奋人心，有着浓郁的黄河文化特色。

武陟盘鼓以打击乐器为主，主要用大鼓大镲，有二十四面鼓、十面镲。击鼓者保持一定队形，变化有序，或击打鼓面，或敲击鼓沿，有轻有重，抑扬顿挫。击镲者排列在鼓队两边，根据鼓乐变化击镲，威猛庄重，声如霹雳。武陟盘鼓是豫北盘鼓的缩影，对于研究黄河文化具有重大意义。

大圣鼓 武陟县大圣鼓是以齐天大圣孙悟空的动作模式进行表演的一种独特的庙会祭祀鼓乐，现仅存在于武陟县西姚旗营村（简称西营）。姚旗营位于沁河入河口，是两汉期间刘秀大将安成侯姚旗在怀县的营盘，战鼓渊源深远。姚旗营村人自古以农耕为主，兼黄河、沁河船运。船运就要祭祀河神，河神祭祀的鼓乐历史悠久。姚旗营坐落在黄河、沁河交汇处滩区，无堤防保护，祭祀河神并不能保护村庄不被水淹。明末时《西游记》的故事广泛流传，村民听说龙王怕齐天大圣孙悟空，就盖起了大圣庙。每年三月三，人们在祭祀龙王的同时祭祀齐天大圣，催生了大圣鼓。

大圣鼓的表演特征及细节大都与孙悟空有关。现今所存大圣庙的神汉叫捆马童、马童或马皮，乃孙悟空的替身。孙悟空在五指山下受困五百年，马皮也要在庙中受困数天，于三月三日被大鼓、火铳惊醒，在高台上翻腾跳跃，嬉笑怒骂，针砭时弊，诙谐多趣。孙悟空猴性多变，大圣鼓大开大合、霹雳震天。孙悟空雷音寺受难，大圣鼓禁用铜器。孙悟空喜怒无常，动作无一定之规，所以大圣鼓有基本鼓谱，却不能事先编排，多随马皮即兴表演，众鼓手密切配合，不断变换和调整鼓点。谁打错了，打乱了，谁挨马皮的金箍棒。大圣鼓对鼓手要求极高，一要谙熟鼓谱，二要协调一致，三要精力集中。鼓手必须注意看马皮的动作神情，将他手中的金箍棒当成乐队指挥棒，众人齐心协力、动作一致。对担任马皮者更是要求精通武功、音乐和表演技艺。所以，虽然大圣鼓

大圣鼓

名镇八方，欲学者众，但很少人学成将其移植到其他地方，故至今大圣鼓仅此一家。

此外大圣鼓也被用于民间祈雨。曾有这样一件真实的事情，二十世纪四十年代某一次祈雨，孙悟空的扮演者马皮，在台上手舞足蹈，疯疯癫癫，台下铳声动地，鼓声震天。忽然马皮从八尺高的台上一个筋斗翻下来，毫无目标的向黄河滩跑去，人们在后面抬鼓背铳紧追。突然马皮在某一个地方停下，喊"烧香，放炮、磕头。"人们赶紧摆桌、烧香、点铳。铳声响后，磕头的人们还没有从地上起身，马皮突然大呼"雨来了！"拼命向村里跑去。此时还是烈日当空，天上片云没有，祈雨的人们稀里糊涂地跟着马皮往村里跑，可是还没跑到半路，忽然起风了，天边起了一片黑云，紧接着风大了，天气变凉快，短短的数分钟里太阳不见了，天黑的像锅底，风刮的人们脸生疼。一声霹雳打破沉寂，一道闪电划破暗空，大雨倾盆而下，半小时后，雨过天晴，烈日如初。从此大圣鼓更是名声大震，远近的人们皆知西营的马皮祈雨极灵。

大圣鼓是一种独特的庙会祭祀鼓乐，也是一种极富地方特色的传统民间音

第六章 河润千古育奇葩

乐，故应加大力度挖掘和传承好这项非物质文化遗产。

2011年元月，河南省人民政府将大圣鼓颁定为第三批省级非物质文化遗产。

龙灯 耍龙灯起源于上古。据说早在黄帝时代，一种叫《清角》的大型歌舞中，就出现过由人扮演的龙头鸟身的形象。汉代董仲舒的《春秋繁露》即有舞龙的记载。武陟因祭祀河神等需要，有很多舞龙表演，而且表演形式多样，技艺高超。现在每逢春节以及二月二，嘉应观庙会和青龙宫庙会都有舞龙表演助兴。

龙灯由竹、木、布做成，龙体结构分龙头、龙体、龙尾三部分。制作者先用竹篾扎出龙头、龙身和龙尾的形状，再用布张上，画出龙的鳞甲。一条龙长可达九节、十二节等，节与节之间用布连起，火龙还在里边装上蜡烛，晚上表演的时候点燃蜡烛，长龙飞舞，十分好看。蜡烛是用牛油攒的，是因为牛油蜡烛在舞动过程中蜡烛不淋，而其他动物油攒的不行，而蜡烛芯是用羊油做的，因为容易点燃。耍龙灯的表演者一人握一根木棍，将龙头、龙身高高托起。在龙头的前面，有一个人手持绣球（也叫龙珠）指引着龙头去扑抢、玩耍，龙身随着龙头的扑抢而调来调去，忽高忽低，忽左忽右，或摇头摆尾，或盘旋腾挪。过去在晚间表演龙灯，还有用烧红的木炭装在铁笼里，一根绳子两头系着两个铁笼，人舞动起来，把一根柔软的绳子抡得笔直，像一根棍子。在晚间只看见烧红的木炭舞过去的火红的圆圈，人们说那是流星。还有一个人拿着一个长把的木头勺子，勺子中间插着一根蜡烛，人们在勺子里放少许松香粉，把勺子往天上一扬，"轰"的一声升起一团火光，人们说那是云霞。武陟耍龙灯技艺较高者当属大虹桥乡童贯村。

当今彩龙兴起，武陟已经有十多家。舞彩龙不用点蜡烛，不用放烟火，没有危险，也十分干净。演员现在多为中青年妇女，彩龙表演都在白天。现在的庙会和县、乡民间文艺会演，都是用的彩龙。

旱船 跑旱船起源于"刘胡子打鱼"的故事。据民间传说，西汉末年刘胡子在黄河上打鱼，王莽把刘秀撵到黄河岸边，刘秀无处躲藏，眼看就要被抓住。刘胡子看到了，就放下渔网把船摇了过来，让刘秀上了船。船到河心，突然一个恶浪打来，船一倾斜，把刘秀掉到了河里。刘胡子连忙跳进黄河，将刘

河南武陟

舞龙

旱船

第六章 河润千古育奇葩

163

秀救起，自己却筋疲力尽被河水冲跑了。刘秀得救了，灭了王莽的大新，建立东汉政权当了皇帝。为了纪念刘胡子的救命之恩，刘秀命人将刘胡子救他的故事编成戏在怀宫上演。因为这个故事是发生在船上的，设计一个船的形式来表演。这就是旱船的雏形，相传下来成了风俗，沿袭至今。

跑旱船以划船表演为主，演唱时有音乐伴奏。旱船造型优美，音乐动听。旱船的形象像一个鱼肚形，渔船加桅，彩船加棚不加桅。旱船的一般结构分为船身、篷阁、桅杆、床帐，均为细小的软木或竹子扎成。船身长八尺，宽四尺，两头尖，中间宽，呈鱼肚形，当中留了三尺见方的空洞，供演员在里面操纵、表演。船身围上画有蓝白水纹图案的黄布，桅杆用花布条缠着，上有各种彩旗，另有划船用木篙、木桨。演员化装成传统戏里的小生、小旦、老旦、老生、小丑等形象。

表演时，坐船人在船中间的空洞里，两手抓着船沿跑圈，拿桨或篙的演员跟着跑，跑就是表演，根据剧情的发展，或快或慢，或调头或遇恶浪颠簸等，生动活泼，引人入胜。

跑旱船表演时还要唱曲，以前主要以演唱怀梆为主，现在有多个剧种，比如豫剧、曲剧、越调、花鼓、京剧、二股弦、四股弦等等。

跑旱船和踩高跷一样，是广大农民群众自娱自乐的一种形式，遍布武陟县各地，以西仲许、万花庄的旱船最具特色，常在春节期间参加"行水"和县、乡（镇）组织的民间故事会演，有的还参加一些庙会为神祇举办的庆典、祭祀活动

行水 武陟县地处黄河岸边，有许多社会习俗与黄河息息相关。比较典型的是农历正月初八的"行水"，其形式类似于其他地方的"社火"。据清道光《武陟县志·风俗志》载："香火之会，敬事神明，有祈有报……县属城市乡屯会各有期。正月初八大神会，俗称行水。"届时动辄上万人表演高跷、狮子、旱船、担经挑、腰鼓、小车、大架、背桩、小鬼板跌等文艺节目。人们在行进中表演，如同流动的河水，故称"行水"。除各种民间文艺节目外，还有"武故事"等。

行水

二股弦　二股弦起源于焦作市武陟县大司马村。二股弦是地方经济发展的产物，是历史积淀的结果。明朝嘉靖年间（1522-1566年）的古碑碑文记载：大司马，古镇也，是东至燕赵、西通关洛的交通要道。河边码头货栈林立，街上钱庄店铺比邻，车船相连，呼号之声不绝于耳。由于人多，求财祈福者众。鼎盛之时的大司马村所建庙宇多达13座，而且座座雕梁画栋，家家香火旺盛，以至于庙会、社火常年不断。于是旱船，高跷，小车，经担唱的缸调，经调，说书唱的坠子、唠子，叫芪子唱的莲花落及驻扎的山西会馆带来的迷糊（眉户）等各种民间艺术集聚庙会，竞技比试，互相学习。期间有个叫苗丁的人，把经调和民间小调融合，排演了一出庙里劝善经文里唱的故事，于是就成了"戏"。因所用的伴奏乐器为二股弦，故称此戏为"二股弦戏"。二股弦戏共有五个曲牌、十八个唱腔板式，全为适宜庙会上演唱的曲调。二股弦唱腔、曲牌在武陟大司马村土生土长，以硪号、经调、说书调为主，加上哭坟调、纺花调等等俚俗小调，与传统民乐曲牌糅合而成。其主要剧目也是由社会生活故事、宗教故事整理创编，如刘全砍柴、李翠莲上吊、唐王游地狱、刘全进瓜（刘全是二十四孝人物，刘全坟距大司马村不过五六里）等，均为武陟大司马本土故事。其特有的原汁原味的方言小调，浓郁厚重的地方风情，使其在本土魅力十足，大受欢迎。《武陟县志》记载，明洪武年间（1368-1398年），城隍庙、关帝庙就修建有戏楼。嘉靖年间（1522-1566年）大司马祖师庙、玉皇庙、三官庙、孙真庙四座庙都盖有戏楼。在当时一个村庄有四个戏楼，这在全国怕是绝无仅有了。而且当地还有碑文记载，清朝嘉庆甲子年（1804年），朝廷在大司马村修建王孝姐贞节女牌坊、王孝姐庙时，就有二股弦演出助兴，可见明清时期二股弦已经相当受人欢迎。二股弦在怀府八县、黄河南岸、山西晋城演出，常常引起轰动。二股弦戏对后来产生的怀梆、豫剧有很大影响，如《借迪迪》、《卖苗郎》、《桃花庵》等许多剧目经过改编，都成了怀梆、豫剧的传统剧目。二股弦戏的音乐元素也被许多地方戏吸纳采用，只是其特有的乡音和民俗却是无法移植的。因此五六百年间，二股弦也没有真正走出其发祥地在别处落地生根。

2007年初，大司马二股弦剧团应邀到郑州演出。她那原始古朴的音乐情调，原汁原味的乡土语言，抑恶扬善的民间故事，让专家学者大开眼界。专家们说，他们发现了原生态的戏剧音乐、原始状态的戏剧，是研究中国音乐史、戏剧史的"活化石"，二股弦戏不仅是河南的艺术珍宝，也是中华民族的艺术奇葩，更是体现黄河文化的艺术标本。2007年2月，"二股弦"被河南省人民政府列入第一批省级非物质文化遗产名录。2008年6月，被国务院公布为第二批国家级非物质文化遗产。

哼小车与担经扑蛾　哼小车产生于清代，是极有特色的民间歌舞小戏，也是黄河文化在武陟的重要遗存之一，主要流行在武陟县东部以及沿黄一些地区。哼小车与当地祭祀中的"行水"活动联系密切，是庙会社火和节庆"行水故事"中的主要文艺节目。其表演形式是，约十余人以一辆木头做的小独轮车架为道具，演员分别扮坐车的小媳妇、推车人、引车人、相公、小姐、丫环、老生、老旦等，围圈表演，舞蹈歌唱相间，表演完整的故事。歌唱以哼唱为主，一人领唱，众人应答相和，声音洪亮，很有特色。舞蹈动作以角色生活原型加以夸张，诙谐幽默。

哼小车演唱的曲调多为古老的民间小调以及由黄河夯号等改编的经调，分为魏调、凤阳歌调、上河调、下河调、寿州调等，曲调悠扬，优美动听。伴奏

哼小车（图一）

哼小车（图二）

第六章 河润千古育奇葩

以锣鼓为主,有些演出也有文场乐器伴奏。

哼小车的剧目有几十出,如《王青山探母》、《王妈妈探病》、《俊英下楼》等,多为折子戏,内容多以表现家庭生活、人伦事理的民间故事为主。

哼小车作为古老的民间艺术,融歌舞为一体,亦歌亦舞,是罕见的中原民间舞蹈,其古朴、自然的风格,体现了传统儒家文化影响下的敦睦厚重之风,是研究中原文化的重要原始材料。哼小车独特的唱腔、古老的曲调以及它介于民间舞蹈和成熟戏曲之间的特殊形态,具有文化多样性的意义,也是研究中国民间音乐、舞蹈和戏曲发展的重要素材。新中国成立前哼小车在当地很受群众欢迎,流传很广。在某些村庄,如冯丈村、宋庄等几乎家家有人参加表演,村中人人喜爱,是群众重要的文化娱乐方式。

担经扑蛾是经担戏的一种,新中国成立前有十二路,现在仍然坚持活动的只有三阳乡杨梧贾村。

[附]:嘉应观庙会赞美林则徐的戏文《长河吟》

　　时　间:清道光二十一年(公元1841年)夏
　　地　点:河堤上,林则徐被流放新疆途中
　　人　物:林则徐(原河道总督、两广总督);解差二人;老河工;宣谕使

(林则徐上,解差随上)
林则徐:恨列强坚船利炮,
　　　　售鸦片软骨膏。
　　　　为民族生死劫,
　　　　辣手操刀。
　　　　贼船北上朝廷乱,
　　　　求和声声高,
　　　　一时间功过颠倒。
　　　　佞臣当道忠臣哭,
　　　　满腔忠烈倒成了替罪羊羔。

　　　　西行大漠千万里，
　　　　拜别家乡父老。
　　　　罢罢罢，看不见贼船帆影，
　　　　听不见洋枪洋炮，
　　　　一任怒火胸中烧。
解差：林大人走啊。
林则徐：离江南渡淮河长亭短亭，
　　　　越千山过万水心逐浪高。
　　　　立马黄河边，
　　　　心似那大河东去水滔滔。
　　　　护岸堤防民心筑就，
　　　　保民庐护桑田长城一条。
　　　　我也曾受王命掌管河防，
　　　　我也曾学大禹不辞辛劳。
　　　　我也曾问河工水情河势，
　　　　我也曾学贾让三策高妙。
　　　　我也曾筑堤防日夜操劳，
　　　　我也曾敬先贤嘉应观里把香烧。
　　　　雨水、泉水、雪水、汗水、泪水、泥浆水，
　　　　长河滚滚万里水，
　　　　一滴一点，点点滴滴，滴滴点点
　　　　都是民族膏血祖宗遗脉无价宝。
　　　　到如今一不能抵御外患灭房寇，
　　　　二不能治理河防把万民的家园保，
　　　　眼看着列强蜂拥如虎狼，
　　　　出阳关留遗恨怒火中烧。
　　　　大河泥沙能填平东洋海，
　　　　浇不灭胸中怒火心头的烦恼。

（老河工查水上）

解　差：林大人走哇。

河　工：林大人？啊！这、这、这不是河道总督林大人么！

解　差：走开！

河　工：林大人，这、这是怎么了？

解　差：朝廷法度，就不要问了。

河　工：二位公差要把林大人解到哪里去？

解　差：新疆伊犁。

河　工：天哪，这不公道！

解　差：公道不公道，只有天知道。你喊天是没有用的，走吧！

河　工：林大人当河督风调雨顺，烧鸦片抗强虏人心振奋，大功臣啊！

林则徐：老兄，这河水涨了几天了？

河　工：三天了。

林则徐：哎呀，不好了，河水落了，落得太快了！

河　工：糟了糟了。

解　差：河水落了有什么不好？莫名其妙。

林则徐：落得太快了，下边开口子了。

　　　　堤防决洪水泻千里汪洋，
　　　　摧田庐淹庄稼百姓遭殃。
　　　　有多少生灵葬鱼腹，
　　　　有多少难民去逃荒，
　　　　有多少良家女青楼卖唱——
　　　　一声"黄水谣"，两眼泪汪汪。

解　差：林大人哭什么？

林则徐：黄河决口，生灵涂炭，焉能不哭。

解　差：你当你是谁呀，你是神仙，你说开口就开口？就算真的开了口子，也轮不到你哭。走吧，到那大漠之中，连个人都没有，一口水也喝不上，俺兄弟陪你受罪陪你哭。真是的！

能当江河淹死鬼,

不当大漠孤魂。

白骨无人收,

才是可怜人。

林则徐：但愿是我多虑了。

（人声沸腾："开口了，开口了。祥符开口了。"）

林则徐：了不得了！大祸临头了！

祥符开口不得了，

水比汴梁城墙高。

黄水滔滔东南流，

将陈州淹，把驿城泡，

江北泽国一片，

堵了淮河故道。

漕运塞绝，

鱼卧树梢，

金陵脂粉变色，

黄浦江水浑了。

秦淮画舟歌女泣血，

上海滩头乞丐搅扰。

恐皇宫御膳厨艺手高，

千烹万调除不去鱼羹中那怪怪的人肉味道。

怎不让人煎熬，

怎不让人煎熬！

解　差：林大人多虑了。

宣谕使：（内喊："宣谕使到！"宣谕使上）林大人慢行！林大人，圣旨到，林大人接旨。

林则徐：罪臣接旨！吾皇万岁万万岁！

宣谕使：奉天承运，大清皇帝诏曰：河道总督文冲玩忽职守，祥符河决，殃及百姓，罢官革职，着刑部查办。命林则徐急赴决口处，与河道、地方官员一力堵筑。钦此！

林则徐：吾皇万岁！罪臣肝脑涂地，以死效命。

解　差：好了好了，林大人苦出头了，我等这苦差事也不用干了。恭喜林大人，贺喜林大人！大人走马上任，小的回湖广衙门交差去了。

林则徐：上差慢走。

　　叫公差，且慢行，
　　歇歇脚，慢慢等。
　　唤小二，把茶冲，
　　哪一日堵决口安百姓，
　　大功告成，
　　依旧黄沙摇驼铃，
　　咱结伴西行。

解　差：林大人说笑话了，哪有堵了决口立了功再流放的道理。大人没事了，俺兄弟也不用受罪了，真是烧了高香了。

林则徐：高兴的早了——

　　小兄弟先莫要太高兴，
　　怎知朝廷风云、皇上性情。
　　外有列强炮声隆隆，
　　内有求和弯腰鞠躬。
　　琴弦儿叮咚，
　　弓弦儿不松，
　　心弦儿紧绷，
　　条约签不得，
　　黄粱梦不成，
　　林某在列强不罢兵。
　　既已是祭坛牺礼，
　　哪儿还我的官称。

你等我堵决口大功告成，
风雨霜露咱结伴西行，
再听驼铃。

解　差：岂有此理！这太不公道了。

宣谕使：何人喧哗？圣旨在此，岂有尔等说话的地方！

解　差：难道朝廷真是这个意思？

宣谕使：没规矩！找个旅舍等着吧。送佛上西天，少不得二位辛苦。

林则徐：宣谕大人，新任河督是谁？

宣谕使：林大人明鉴，新任河督朱襄朱大人不日就任，配合林大人堵口。

河　工：公道不公道，只有天知道。天要不公道，天下没公道。

宣谕使：何人咆哮？拿了。

林则徐：哎呀，宣谕大人息怒。此人是罪臣的朋友，是老河工了，祥符堵口离不了这位朋友，大人给罪臣一个面子吧。

宣谕使：既是大人讲情，饶他一回。说实话，公道不公道，奴卑是不敢说的，大人受委屈了。

林则徐：堵口要紧，走吧。
肝胆霹雳通幽明，
亿兆命重身家轻。
不敢以自身荣辱，
轻慢朝廷。
自古来水火无情，
要救亿万生灵。
林某虽发配罪人，
行的是朝廷号令，
为的是江山社稷，
保的是黎民百姓。
有道是王法无情，
容不得偷懒怠工。

堵黄汤汤的水，
调精壮壮的兵。
十万民工，
着地方快快地征。
石料、草捆、木桩，
往堵口处多多地送。
大船装满土石，
在堵口处锚定。
柳埽麻绳多多地运，
石硪榔头抖威风。
督、抚、府、道、县令，
最要紧，河岸点名。
河道官员，军营督统，
一个不缺上险工。
抗命者杀无赦，
向前者立功名。
有道是"慈不领兵"
咱为的是黎民百姓，
怨不得铁面无私，
辣手无情。
恨不能手托南山北岭压混水蛟龙，一次成功。
拼一个舍死忘生，
干一个天摇地动。
纵不能贤良祠内受宠，
魂归嘉应观，伴治河圣贤无上光荣。
走！

（林则徐慷慨赴之下。众随下）

（老河工上。解差拿鞋随上）

河 工：堵住了！堵住了！终于把决口堵住了！林大人立大功了！

解 差：该走了，该走了，今天该走了。又该去受苦了。

河 工：我说你们两个，长着人心没有？

解 差：老哥怎么说话呢，没人心还算人吗？

河 工：林大人立了大功，你们还要把他送到沙漠受苦，你们长的是人心吗？

解 差：嗨嗨，你倒抱怨开我们了。我们傻了，想去喝西北风？去去去，有话你找朝廷说去。

（林则徐上。民众随上）

河 工：林大人，你不能走。

解 差：林大人，路途遥远，我给你准备了几双鞋子。

林则徐：承谢了。

河 工：林大人，您冤枉啊！

林则徐：老兄弟，承蒙您挂念。冤不冤的话，就不要说了。

河 工：不说不行，不说就把人气死了。

林则徐：老兄弟消消气吧！我，很好，很好，很好，真的很好！

　　　　河润万里万里情，

　　　　万年黄河万年诗。

　　　　我想写黄河，

　　　　自愧无才识。

　　　　须民族魂魄、过人胆略、心如明月、气冲北斗，

　　　　河水作墨写不尽，

　　　　今日，今日一言一行都是诗。

民 众：林大人高风亮节，无愧古人。

林则徐：苟利国家生死以，岂因祸福避趋之。可喜啊！

　　　　一路高歌向西行，

　　　　此身虽陷荒漠，

　　　　堵口功成，

　　　　留一片郁郁葱葱，

令田畴稻麦飘香，
让民庐灯火通明，
看市井衣冠，听学堂书声，
搭台唱社戏，笙歌说太平。
高兴、高兴、高兴！
当学马革裹尸，
听那高祖唱大风。
怕什么黄沙扬尘，
怕什么孤苦伶仃。
怕什么背乡离井，
怕什么荒坟孤冢。
河入东海魂还乡，
万民安宁我安宁。
乡亲们，林某拜别，西行去了。
最是情浓，来来去去都是情。

民　众：林大人走好。我等在嘉应观给您烧香了。（林则徐、解差下。众翘首以望，目送下）

四、油茶飘香华夏

　　武陟县北依太行，南临黄河，沁水中流，交通便利，气候适宜，水利设施完备，农业生态条件优越，属黄河流域农作物高产区，盛产山药、牛膝、菊花、地黄等怀药。武陟夏称"覃怀"，是历史上最早种植小麦、芝麻、桃、李等作物的区域之一，有着悠久的农耕传统，所辖古镇木栾店和怀州城，是历史上商贾云集之地，南北物资交流枢纽。这里饮食文化源远流长，历史著名小吃武陟油茶就发源于此。随着商业繁荣和人口流动，武陟油茶传播到全国各地。从前在外地，"卖油茶的"一度成为武陟人的代称。

油茶壶

武陟油茶历史悠久，春秋秦汉都有记载。秦时称"甘醪膏汤"，汉称"膏汤枳壳茶"，宋、元也称"粥茶"、"粥"，明清之后"武陟油茶"之名遂定。在传说中，汉高祖刘邦和汉光武帝刘秀，在困境中都喝过武陟油茶。刘邦有诗云："佳膳出武德兮，膏汤胜宫筵"。武陟民间说书的传唱之一《刘邦爷兴兵打项羽》唱的就是武陟油茶的故事。

刘邦爷兴兵打项羽，头几仗打得犯软蛋。

霸王那人力气大，抡起石碌像扔砖。

站在鸿沟一声喊，震塌汉城半边山。

韩信听说去探营，正遇上楚兵来开饭。

油茶香气满营飘，馋得韩信直冒汗。

真想抢过碗来喝个够，怪不得楚军兵强马壮恁能战！

韩信回来见张良，俩人仔细来商量。

商量来，商量去，还得请出刘邦王。

楚营做饭是怀县人，做的油茶十里香。

咱汉军要想打胜仗，刘邦爷您还得出面去请怀县人，

给咱汉军来做油茶汤……

第六章　河润千古育奇葩

汉兵吃了力气增，汉将吃了会谋算。

小卒吃了能冲杀，大帅吃了善征战。

就这样汉军打仗连连胜，打得项羽逃到乌江完了蛋。

武陟古称怀县，汉光武帝刘秀受伤在此疗养，并以此为根据地与王莽争夺天下。怀县人以本地所产小麦面、芝麻、杏仁、核桃等制成茶面供刘秀进食，刘秀食后大加赞赏。又有传说三国时期曹操南征吴国，跟随的部队中多有怀县人，他们以炒制的茶面为干粮，埋灶做饭速度很快，受到曹操称赞。当时，曹军在吴遭遇瘟疫，兵多泄痢，不能战者众，有大量士兵死亡。因怀县人多食茶面，止泻痢，所以兵员损失最少，成为曹军保存下来的有生力量，武陟油茶功不可没。唐太宗李世民、宋太祖赵匡胤，对武陟油茶也情有独钟。清代康熙、雍正父子，在武陟都爱喝油茶。雍正皇帝视察黄河筑坝期间，武陟县令吴世禄曾进贡油茶，供雍正皇帝膳用。据现代科学研究，炒制的茶面颗粒表面轻微碳化，有止痢固肠功效；油茶配料中的香料有驱秽辟邪功效，故能与当时的泻痢瘟疫抗衡。因其便于携带，茶面（炒面的一种）也成为中国军队在特殊战争环境下的一种重要食粮。在20世纪50年代初的抗美援朝战争中，茶面成为志愿军的一种重要干粮，一把炒面一把雪，终于取得了胜利。

历代文人为武陟油茶赋诗作歌，留下不少名篇佳句。唐代著名诗人李商隐食后，曾作《油茶赋》："芳香滋补味津津，一瓯冲出安昌春。"古安昌就在今武陟大封镇赵庄。宋陆游诗云："世人个个学长年，不悟长年在目前，我得宛丘平易法，只将食粥致神仙。"宋苏轼称其"储备饥甚，吴子野劝食……云能推陈致新，利膈益胃，粥后一觉，妙不可言。"元许衡赞曰："……胜于高粱，则固从当知者，存余夜气，不复强以责人也。"

老辈人传说宋代即有郭姓、王姓等人在开封、周口等地卖油茶。后发展到徐州、天津、郑州、漯河、驻马店、汉口等地，陕西、甘肃直至新疆，都有背壶卖油茶的武陟人。日军进中原后，陕西一带成为武陟油茶的主要销售区域。在清末，油茶销售对象主要是兵营、烟馆、赌场、妓院等处，而营业时间又在下半夜。此时，其他卖食物的都已闭门睡觉，而卖武陟油茶者，独以其简单的保温设备（油茶壶为金属壶外加一层棉布套）卖到天明不冷。卖茶者除一壶之外，其余全部家当不值百钱（茶壶价值高，但普通人要此无用），因而盗匪对他们都不加害，即使两军对垒的阵地，他们也敢出入。旧军队的兵丁平素训练警惕性不高，不仅不加禁阻，或是利其供给，倍给价钱。民国初年，陕西各地军阀割据之时，曾一度成为卖武陟油茶的黄金年代。陕西眉县、户县有"眉户调"唱道：

卖油茶的王孬蛋，长安府里转一转。
头天混个肚皮饱，三天挣来十碗饭。
五月赚个羊皮袄，头扎个手巾叫侃蛋。
背个茶壶街上扭，挎几个大碗卖茶饭。
要喝油茶来一碗，一碗喝罢想两碗。
三碗喝出个鳖饱肚，还伸出个舌头来舔碗。
左一转，右一转，把碗舔哩净净干。

油茶原料花生

油茶原料黑白芝麻

吧嗒吧嗒两片嘴，把咱武陟油茶来夸赞。
馋得陕西柴禾妞儿，拽着孬蛋喊亲蛋：
"蛋哥蛋哥你要了俺，俺太想喝你那油茶饭。"

武陟油茶之所以享有美名，一是得益于当地盛产四大怀药，土壤肥沃，小麦、芝麻、杏仁等有特殊风味。二是药材贸易兴隆，商贾云集，各种香料易得，油茶在丰富的饮食文化和自然环境下形成独特风味，随着各方商贾游民，誉名传播四方。三是作为一种谋生手段，卖油茶所需资本较少，一把茶壶几个大碗，配料价格便宜，就成为武陟人冬天农闲外出或逃难外出的谋生手段，因此很快向外传播。四是油茶制作技艺虽然并不复杂，但因茶壶制作和背油茶步法是武陟人所独有，外地人背上茶壶走不了多远，就把一壶油茶晃荡溯了。卖油茶获利甚微，仅能养活一两口人，别人不屑一学。所以，卖油茶成为历史上武陟人的一个专门行当，很少为其他区域人学习经营。所以千百年来，武陟油茶形成当地一种独特的饮食文化。

随着社会变迁，人民生活富裕，卖油茶的行帮早已不复存在，那种背着油

茶壶沿街叫卖的景象今天难觅踪影。当代人顺应时代潮流，将武陟油茶进行集约化生产，制作成各种符合现代养生学要求的快餐"武陟油茶粉"，行销国内外，名播四方。

五、四大怀药美名

武陟县为代表的古怀庆府一带，自古盛产山药、地黄、牛膝、菊花，合称"四大怀药"。

武陟县怀药种植基地

武陟种植四大怀药已有近三千年历史，素有"怀药之乡"的美誉。据史料记载，公元前734年，卫桓公就向周王室进贡怀山药。公元前718年，魏宣公向周天子进贡怀地黄。唐、宋、元、明、清各代，怀药均作为贡品进献王室。公元前710年，文献中出现覃怀人用种子种植地黄的记载。清代文学名著《红楼梦》中记载有用怀山药入药的方子。清代乾隆年间进士河内县令范照黎有诗赞曰："乡村药物是生涯，药圃都将道地夸。薯蓣篱高牛膝茂，隔岸地黄映菊花。"诗中真实地描述了以武陟为代表的古怀府一带种植"四大怀药"的历史场景。

怀地黄药田

　　四大怀药不仅有贡品的荣耀，而且历代药典也都给予了极高评价。如明代李时珍《本草纲目》中记载："今人唯以怀庆地黄为上。"北宋医学家苏颂撰辑的《图经本草》中说："牛膝今江淮、闽粤、关中亦有之，然不及怀州者真。""菊花处处有之，以南阳覃地者为佳。"这里所说的"南阳"指太行山之南、黄河以北的今焦作市辖境，而"覃地"即覃怀地，也就是今武陟。《神农本草》记载："山药以河南怀庆者良。"历史上，明朝以前四大怀药是专指

武陟所产来说的，明清以后，怀府八县均渐有出产，四大怀药种植进入鼎盛时期，逐步形成了今天焦作市辖区广泛种植的局面。1962年国家从《本草纲目》记载的1892种中草药中，优选出44种作为"国药之宝"，四大怀药俱列其中。

怀山药药田

在中医史上，有"非地道药材就没有中药"之说。自唐代以来，医药界公推以武陟为代表的古怀府一带所产的山药、地黄、牛膝、菊花最为地道，并在这四种药材之前冠以"怀"字，正如山东"东阿阿胶"、四川"川芎"等特有命名一样，为四大怀药赋予了专有的权威名称。

为什么以武陟为代表的这一地区生产的山药、地黄、牛膝、菊花最为地道，千百年来被广泛推崇呢？主要有以下几个方面原因。

第一，温和的气候为四大怀药的生长产出提供了有利条件。包括武陟在内的古怀庆府，位于太行山南麓，黄河北岸，属大陆性季风气候。太行山在这里形成一道自然的绝壁高墙，就像人们有意筑起的防风固沙墙一样，将怀川大地保护在怀抱之中，使冬季北方的寒流由于大山阻隔而不能长驱直入。焦作和山西晋城两地虽咫尺相邻，但冬季温度彼此相差10℃左右。夏季由于黄沁河等诸多河流水系的浸润调节，周围其他地区热浪滚滚，而怀川大地却少有酷热。春季，这里少有风暴扬沙，降雨适中；秋季虽雨量稍微集中，但少有洪涝。正是这里冬不

怀菊花药田

怀牛膝药田

过冷、夏不过酷、春不过旱、秋不过涝的温和气候，为四大怀药的生长提供了有利条件。四大怀药中的山药、地黄、牛膝都是根茎入药的植物，良好的气候和适宜的降水，是保证其生长的必要条件，如果气温过高、天气过旱或降雨过多，都会直接影响其成材。

第二，不断丰富、改进的种植技术及加工方法，是地道四大怀药生产的重要条件。在近三千年的四大怀药种植历史过程中，怀府人民对四大怀药的种植和制作加工积累了丰富的经验。随着科学技术和生产工具的不断发展，其种植和加工技术也在不断丰富创新。从品种的孕育，到地块的选择，从土壤处理到施肥，从田间管理到灌溉排水，从收获到晾晒加工等等环节，无不用心讲究，因为稍有不慎，即会造成减产，甚至质地下降影响品质。如加工生地时，要将鲜地黄放在特制的火炕里焙干，需时刻掌握火候，如焙得过生则不易存放，如过熟则容易流出地黄中的油质，影响药效。要将生地加工成熟地，还要经过九蒸九晒、加工炮制。炮制山药时，要去皮揉搓成等粗，截切成等长，阴干后才能出售。

鲜地黄

鲜山药

鲜菊花

鲜牛膝

怀药加工

　　第三，黄沁河冲积平原特有的沙质壤土为四大怀药的地道生产提供了基础。有史以来，黄河自武陟以下多次决口改道，武陟沁南沿黄河一带及县东俱为古黄河河道。除黄河外，境内还有沁河、蟒河、济河、沙河等河流，其中沁河为黄河中下游最大的支流。千百年来这些河流在这片土地上像拧麻花一样滚来滚去，在反复的决口改道中形成了大片平原。由于各条河流一路走来携带了流经地的各种土壤和微量元素在此沉淀，形成了独特的土壤条件，为挑剔的四大怀药种植提供了无与伦比的基础条件。但即使在这样的土地上，四大怀药种植也有许多讲究，并非任何一块土地都能种植四大怀药，只有黄河与沁河两岸的沙质土壤是山药和地黄、牛膝的理想生长地。因为这里土质疏松，土层深厚，肥力强劲，易排易灌，非常有利植物根茎生长。武陟药农有句老话"无沙不活，无土不肥"，是他们多年种植经验的概括。如果没有黄沁河冲积的怀川平原，就不可能有四大怀药。从这个意义上说，正是黄河孕育了四大怀药。

"橘生淮南则为橘，生于淮北则为枳。"四大怀药也是如此，种植地域不同，药效就不同。清乾隆元年（1736年），河北道驻武陟老城，辖彰德、卫辉、怀庆三府25县。在道台的提倡下，怀药由怀庆府走向所辖彰德、卫辉二府，由于二府盐碱潮湿，最终以失败告终。抗日战争时期，侵华日军曾派本国的植物学家和医药专家来武陟，将武陟县驾部村适宜种植怀药的土壤运回国内分析研究，然后按照配方调配土壤进行怀药种植试验，也以失败告终。大跃进时期，某外地领导特聘武陟药农到该地指导怀药种植，虽少数土地也有收获，但因药性不被医药界认可而以失败收场。

　　总之，正是由于武陟特殊的地理位置，以及黄沁河冲积平原肥沃深厚的沙质壤土、温和的气候等因素，成就了"四大怀药"比其他地区同类物产更为地道的品质。怀药以其独特的药效和滋补作用蜚声海内外。

　　武陟灿烂的古文明，著名的治黄工程，特有的民俗民情，他出无可替代的物产，使这一宝地"地处一脉有灵性，河润千古育奇葩"实至名归。

怀药加工

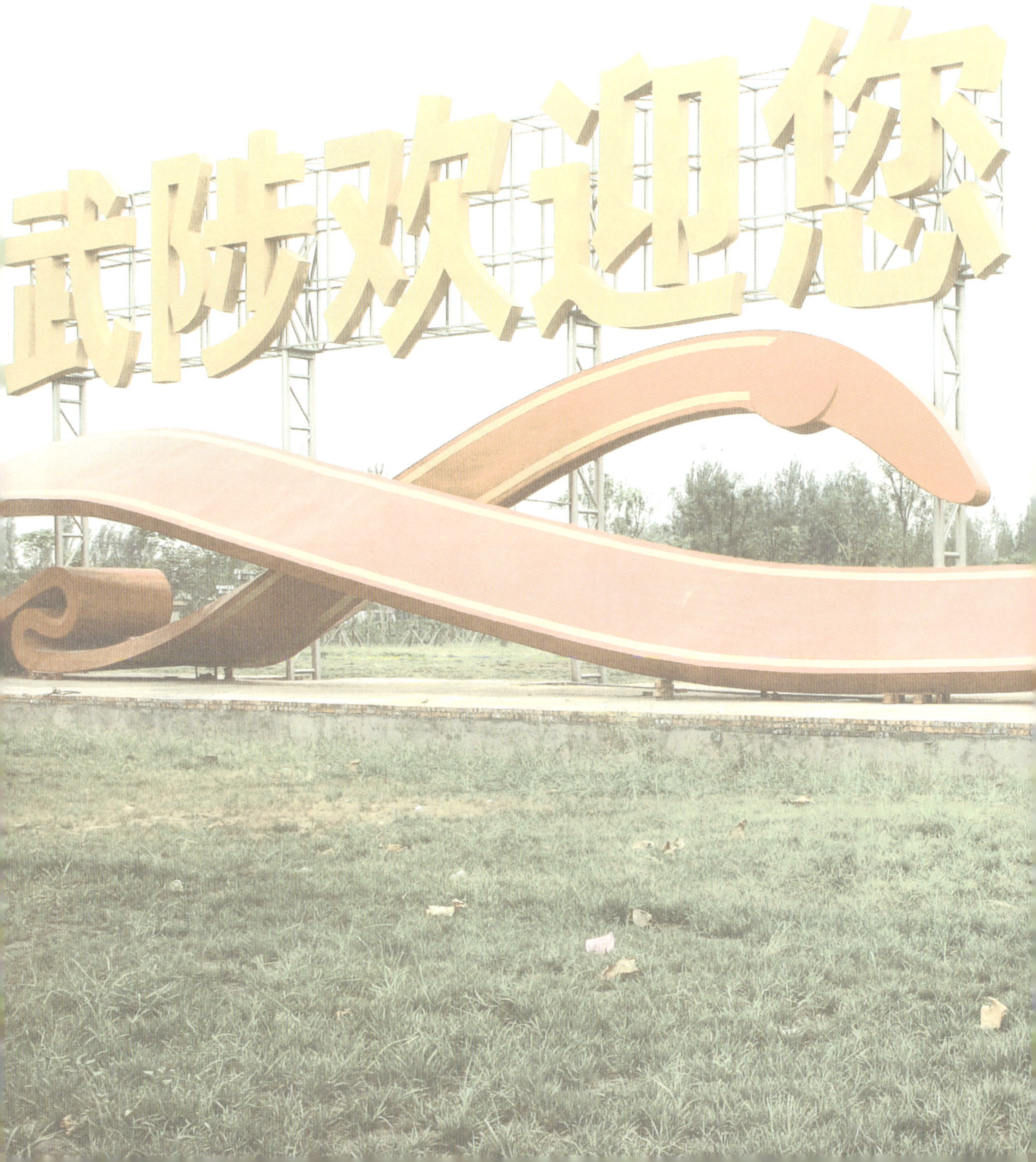
武陟欢迎您

第七章 文化传承与建设

"中国黄河文化之乡"既是一个荣耀的称号,又是一份沉甸甸的责任。如何对地域特色文化抢救、保护,挖掘、发扬,传承、建设,摆在了武陟黄河人的面前。为此,武陟县成立了"中国黄河文化研究中心",积极实施文化兴县战略,全面推动文化之乡建设。

中国民间文艺之乡

数千年来,博大精深的黄河文化一直是中华文明的重要组成部分,海内外华人无不为之骄傲。黄河文化作为一种地域性文化,在武陟表现得尤为突出。武陟的黄河文化又具有很多独特性。鉴于此,武陟县很早就开始重视黄河文化的保护和研究,强调黄河文化的传承,挖掘黄河文化的地域特色,极力打造和建设黄河文化产业,着力传播和弘扬黄河文化精神,所有这些都具有非常特殊的意义。

一、黄河文化的抢救和挖掘

黄河流域是华夏文明的发祥地。武陟地处黄河中游和下游分界点这一特殊的地理位置上,人们在与黄河水患的斗争中,形成了特有的民间习俗,生成了丰富的神话传说,民间故事,这些是宝贵的非物质文化遗产。嘉应观的建设,保存了中华民族治理黄河、利用黄河的珍贵资料,堪称"黄河故宫"、"黄河博物馆",是物质的文化遗产。在治黄史上涌现出来的英雄人物,有血有肉,为人们所尊敬膜拜。

近年来,武陟县按照省委、省政府文化强省的战略要求,重点实施了"文化强县"战略,大力开发"黄河文化"、"治黄文化"特有资源,深入挖掘

优秀民间传统文化，围绕民间文化资源加大了开发保护、传承利用力度，凝聚了力量，提升了品位，扩大了武陟在国内外的知名度和影响力，引起了国家、省、市、文化艺术界和国内外专家、学者及社会各界的广泛关注。

　　加强对黄河文化的整理研究。作为治黄文化密集的地区，武陟有责任把先人们在治黄史上的传奇故事讲述给世人，以独特的文化魅力换取地方经济社会发展的动力。我们将按照武陟黄河文化的特点，认真做好黄河文化的收集整理和研究、开发利用工作，建立黄河文化研究中心，深入挖掘黄河文化的精神实质，尤其是当代价值，更好地为经济社会发展服务。

　　利用黄河神话传说、民间故事等文化资源，强力推进文化旅游产业发展。文化资源与自然资源一样，都是可供开发利用的重要资源。文化也是生产力，神话传说故事作为蕴藏量极为丰富的非物质文化遗产，既是文化资源，也是地方和民族的文化资本，可以在文化事业、文化产业中发挥可持续发展效用。在今天，文化不应只是经济的配角，而应成为扩大影响力、穿透力、辐射力、带动力的主角。实践证明，发展地域特色文化是增强区域竞争力的有效途径。因此，打好黄河文化这个品牌，可以不断繁荣武陟文化事业，发展文化产业。

　　武陟县委、县政府紧紧围绕文化强县战略，积极打造黄河文化品牌，把

武陟鸟瞰

县委书记闫小杏（左）在中国黄河文化之乡授牌仪式上接牌

县长秦迎军（前右）签约黄河文化旅游项目

黄河文化旅游区项目奠基

中国黄河文化之乡授牌仪式暨新闻发布会

"黄河文化"、"治黄文化"与"嘉应观景区开发"有机结合在一起,增加景点的文化内涵,提升旅游者对景区景点的审美感和认同感,从而助推旅游事业,带动相关产业的大发展。基本构想是:以历史文化古建筑嘉应观为核心,以波澜壮阔的大河风光为主体,以秀美细腻的湿地景观为特色,以丰富的生物多样性和厚重的黄河文化为内涵,以郑州、焦作为依托,规划建设一处供游客开展古迹探访、文化观光、户外运动、自然审美、科普采风、飙车越野、休闲度假、田园悠游等活动的具有国家级意义的文化旅游综合性风景旅游区。

黄河文化论坛

利用黄河文化,弘扬治黄文化,促进经济社会和谐发展。文化的繁荣离不开经济发展,反过来文化又会促进经济发展。我们传承、弘扬黄河文化精神,深入贯彻落实科学发展观,以科学发展为主题,以加快转变发展方式为主线,紧紧围绕富民强县这一中心任务,强化区位、交通两大优势,做好做强"民生六项工作",培养"务实、为民"两种作风,树立六种意识,加速推进新型城镇化、新型工业化、新型农业现代化"三化"协调发展,致力建设活力武陟、畅通武陟、生态武陟、魅力武陟、和谐武陟,奋力走在中原经济区建设前列。

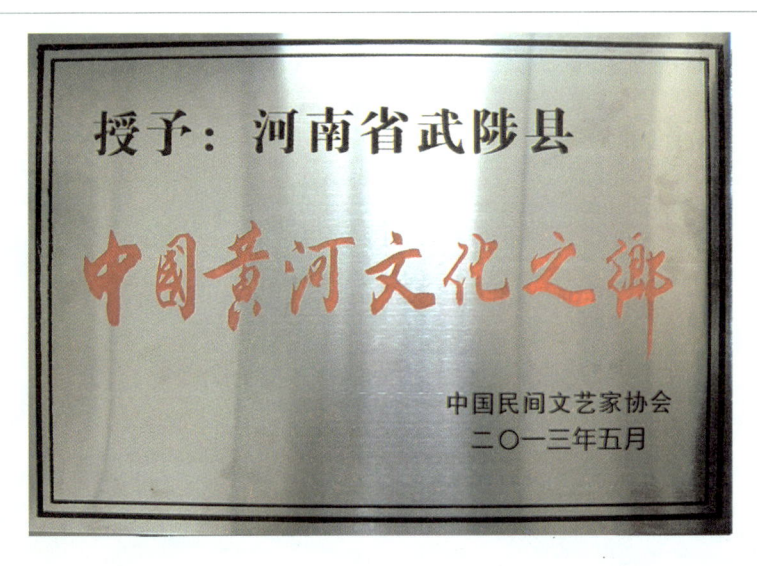

中国黄河文化之乡匾牌

二、黄河文化的传承和保护

　　加强黄河文化遗产的抢救、挖掘和保护工作，对我国黄河文化研究具有重要的理论意义和现实意义。现在，武陟县有关嘉应观传说的整理工作正在有序进行，并组织知名作家撰写了以嘉应观传说为蓝本的《大清河防》小说。积极开展挖掘黄河号子文化工作，整理了大量黄河号子资料，并请中央电视台对黄河号子的活动情况进行实地拍摄，保留了大量珍贵资料。收集整理了大量关于黄河文化的戏曲资料和唱腔资料，并对这些文化传承工作制定切实可行的落实措施。

　　加强对黄河文化的整理研究。作为治黄文化丰富地区，武陟有责任把先人们在治黄史上发生的传奇故事讲述给世人。《嘉应观秘史》电视连续剧的成功拍摄和播放，对武陟独特黄河文化的传播有着巨大影响，扩大了在国内外重要新闻媒体的宣传力度。近年来，武陟举办了多次大规模的公祭和民间祭祀活动，祈福世界和平、社会和谐。专门成立了黄河文化研究中心，承担起黄河文化研究的重任。

木栾讲坛《黄河文化与武陟》

武陟高速公路出口

此外，完成命名了县城主要干道"黄河大道"、"沁河路"、"龙源路"等地标性建设工作。筹建了国际标准汽车短道拉力锦标赛赛场和汽车露营营地及野外极限运动场地、军事夏令营营地、水上运动项目等，并开通了通往嘉应观、黄河湿地、汽车短道拉力赛场地等处的旅游专线。

　　武陟县委、县政府以对历史和未来高度负责的精神，高起点规划了嘉应观黄河文化旅游区，以建设生态环境一流、集聚黄河文化的复合型黄河生态休闲旅游度假区和国家5A级旅游景区为目标，着力打造"黄河故宫、华夏名观、大美黄河、休闲胜地"的旅游品牌。

　　嘉应观黄河文化旅游区位于武陟县东南部，毗邻黄河北岸，居黄河中游

高速公路嘉应观站

与下游的分界点，总面积约66.35平方公里，区内具有丰富的自然资源和文化资源，历史、文化、湿地等资源配合组合度好，且拥有良好的休闲度假环境。其资源基础主要体现在三个方面，一是该区具有优良的气候环境，属

暖温带大陆性季风型气候，气候温和，雨量充沛，光照充足，一年之内四季分明，是旅游休闲的绝佳之处；二是自然生态资源良好，区内拥有良好的黄河湿地和乡村农田资源，黄河滩区水美地肥，林茂粮丰；三是区内具有丰富的历史文化资源和文化品牌，有嘉应观、御坝碑等古迹遗址，人民胜利渠渠首也在其中。其中的嘉应观是清雍正皇帝下谕建造的黄河第一龙王庙，是中国历史上黄河治水活动的最高点，具有突出的黄河文化品牌。根据嘉应观黄河文化旅游区独特的资源优势，县委、县政府将其定位为"以休闲度假为核心，以黄河文化为基础，集观光游览、文化体验、休闲娱乐、会议度假、康体健身、乡村田园、度假居所等功能于一体的复合型旅游地"。特色定位是：以黄河文化、治水文化为引领，以龙图腾艺术为符号，以十里荷塘黄河滨水景观带和嘉应观核心文化游览区、嘉应古镇民俗商业体验区、嘉应乐园治水文化体验区、嘉应龙城宫廷文化度假区、嘉应农苑生态养生休闲区等为主要支撑，通过做高做精黄河文化，做响、做大治水文化，做透做特水文化，在全国叫响"南有都江堰，北有嘉应观"的品牌效应。

迎宾苑

仰韶公园

　　嘉应观黄河文化旅游区重点建设是"一带""五区"。其发展布局是：依托一条十里荷塘黄河滨水景观带，串联两个旅游交通枢纽节点，联合五大旅游功能片区。

　　依托一条黄河滨水景观带，即是依托黄河沿线丰富的黄河地貌，选取黄河流域的地质景观、生活场景、文化艺术、民俗风情等方面最具代表性的元素，让游客通过水上乘舟或自行车骑行、漫步，体验五千年的黄河风情。

　　串联两个旅游交通枢纽节点，即在郑云高速和城际铁路的交叉口——二铺营处设高速出口和铁路站场，与嘉应观旅游区内的旅游集散中心一起打造成为旅游区内两个核心的旅游交通枢纽，发挥集散地效应，逐步培育目的地服务功能，成为旅游区深度发展的强有力支撑。

　　联合五大旅游功能片区，即以嘉应观核心游览区为观光主体，对黄河文化、治水文化作深度体验，保护修缮北院庙观古迹，新建提升南院地标性祭

中国民间文艺之乡

武德广场

龙泉湖公园

祀广场，让人们通过对嘉应观景区的游览了解黄河从古至今的变迁以及武陟在治理黄河、祭祀黄河中的地位和作用。在嘉应古镇，人们可以感受到昔日怀州繁华的街肆场景，仿佛穿越时空，来到一个别有韵味的清明上河园。在民俗商业体验区，人们可以体验到沿黄9省、自治区不同民族、不同地域的风俗民情，观看到不同的民族表演，品尝到特色的民族风味小吃，享受到迥异的民俗风情乐趣。在嘉应乐园，人们可以体验治水文化，听听黄河号子，看看打硪表演，重现昔日修堤筑坝的壮观劳动场景。此外，人们也可以在以水为主题的各种游乐中尽兴游玩。在注入了皇家行宫文化的嘉应龙城宫廷文化度假区里，人们仿佛身处皇家园林和皇帝行宫之中，可以尽情享受着尊贵高雅的生活。而嘉应农苑作为生态养生休闲区，它以农耕文化为主题，虽然农耕方式离我们渐行渐远，但来到这里的人们，远离了红尘闹市，可以暂时忘却由于快节奏生活带来的压力和烦恼，采菊于东篱之下，隔着黄河悠然看着邙山，别有一番乐趣。

覃怀公园

三、黄河文化的规划和发展

为了更好地弘扬黄河文化，加大对民间文化的保护开发力度，提升武陟文化品位,打造中国黄河文化之乡,促进经济社会发展,构建和谐社会,实现武陟的平安快速崛起,武陟县制订出如下规划。

(一) 指导思路

以党的十八大提出的"大力推进生态文明建设"、"努力建设美丽中国"以及十七大提出的"建设中华民族共有家园"、"实现社会主义文化大发展、大繁荣"的精神和河南省委省政府提出的"开发中原文化,着力打造文化品牌"要求为指导,树立科学发展观,创新执政理念,坚持"科学规划,突出特色,文化促动,整体提高"的原则,进一步挖掘整理武陟丰富的民间文化资源,努力打造一个具有浓郁特色的中国黄河文化之乡和"中国黄河文化研究中心",突出武陟在中国治黄史上的独特地位,塑造武陟对外开放的良好形象。

三条龙雕塑

（二）目标要求

1，通过保护开发黄河文化，让更多的人进一步认识到历史悠久、影响深远的民间文化在中国历史文化体系中的重要位置，领悟其强烈的时代气息和现实借鉴意义。

2，通过保护开发民间文化，提高武陟的知名度和影响力，让更多的人认识武陟、走进武陟、让武陟走向全国、走向世界。

3，通过保护开发民间文化，加快武陟县域经济发展步伐，促进招商引资和项目建设，壮大民营经济，提升城市品位，实现经济社会全面、协调、可持续发展。

4，通过保护开发黄河文化，促进武陟传统文化的觉醒和道德水准的进一步提高，形成"厚德、包容、笃行、进取"的良好社会风尚。

（三）实施内容

1，全面开展武陟黄河文化和治黄文化的宣传。重视传承黄河文化的现实意义，创设黄河文化研究中心和民间文化资源发掘整理网站，充分利用现代信息手段宣传黄河文化和民间文化。黄河文化研究中心和民间文化资源发掘整理网站设在武陟黄河文化研究中心。有关部门的宣传稿件、音像制品在寄送各主要媒体的同时，在黄河文化研究中心和民间文化资源发掘整理网站发布。关于黄河文化的研究成果在征得作者同意后在黄河文化研究中心和民间文化资源发掘整理网站发表。广泛征集国内外关于黄河文化、民间文化研究发掘的论文、论著、文学创作、音像制品在黄河文化研究中心和民间文化资源发掘整理网站发布。不定期在首都北京或省会郑州召开黄河文化研究和民间文化资源发掘整理规划论证会暨新闻发布会，邀请国家、省级民间文化研究专家参加，并邀请中央各大媒体和省会主要媒体参加，既增加黄河文化研究和民间文化主要发掘整理规划的科学性、可行性及可操作性，又进一步宣传造势，引起各方重视。精心编制嘉应观景区与黄河文化景点观光路线图和解说词。进一步办好黄河文化研究专刊《黄河风》，着重刊登海内外专家学者论文，刊发民间文化发掘成果，反映黄河文化的研究动态及相关活动。利用黄河文化研究中心网站，全面反映国内外黄河文化研究成果、民间文化发掘整理成果，介绍武陟黄河文化研究情况、民间文化开发传承情况，以及对外宣传黄河文化等大型节会活动情况。

2，围绕黄河文化传说等加快景点建设。嘉应观黄河文化旅游区重点建设项目有以下方面的内容。

黄河九曲十八湾　其中三个文化艺术湾：颂歌湾、歌台湾、诗画湾。四个生活场景湾：渡口湾、羊报湾、窑洞湾、台地湾。五个地质景观湾：壶口湾、峡谷湾、湿地湾、悬河湾、灌区湾。六个民俗商业湾：水车湾、水利湾、祭水湾、美食湾、酒坊湾、特产湾。

"黄河颂歌"水秀　一部以黄河治水时间线，将各种表演艺术与现代高科技（3D、5D投影、全息）技术手段相融合，通过各种象征各时期中原文化的元素符号的组合演绎，全方位、立体化的展现黄河文明、中华文明博大精深、雄伟辉煌。倾力打造中国首个以黄河文化为主题，开启第三代旅游演艺产品先河的"黄河颂歌"水秀。

黄河船街　深入挖掘黄河文化，通过汇集各种船坞造型，着力重现木栾店"豫北商都"的辉煌。

怀川十三坊　展现怀川昔日韵味的怀川十三坊风情酒吧街，在打造商业聚集地的同时也具备影视拍摄功能，日后将成为体现河南文化、中原文化题材电影、电视剧的拍摄首选地。

黄河水利互动体验博物馆　以"黄河治水游乐"为题材，汇集中国第一个以黄河治水文化为主题的4D漂流乐园，中国第一个黄河水利互动体验博物馆。

欢乐世界　拥有室内外水乐园和目前国际上最先进的水下过山车，汇集众多世界顶尖游乐设备的欢乐水世界项目，必将成为中原都市圈家庭的四季亲水狂欢和亲子游乐首选地。

黄河老家温泉酒店　仿黄河沿岸原生态居住环境的黄河老家主题温泉酒店，将打造中国文化型主题温泉典范的得意之作。

皇家园林主题酒店　引申嘉应观"宫"概念，注入皇家行宫文化，以现代度假手法诠释行宫生活，营造中原地区独一无二的"行宫文化"主题高端度假空间。

耕道农庄 打造以"农耕文化"为主题的家庭田园休闲农庄，展现千百年来沿黄人们的农耕生活，使人们在体验农耕生活的同时，思考人生、感悟人生。

黄河道修养生苑 依托嘉应道观营造清修氛围，开展多种"以农修道"主题体验，构筑"身心灵"的深度悟道体验。全国首创的"知己型"养老将打破传统的孤独、单一养老模式，融入亲情理念，以四合院型格局形成亲友共享养生空间。

3，结合城市建设，着力突出黄河文化人文特色，必须以"符号"为载体，在挖掘整理、重新修建的基础上，倾注更大力量在城市建设中营造浓郁的人文氛围。在县城主要地段建设以黄河文化为主题的公园一个，在公园内建百米文化长廊，集中展现黄河文化之精神，传承黄河文化发展。把黄河文化和佛道文化有机联系在一起。在县城通往景区的主要通道上，设立40个具有黄河文化和佛道文化的景观标识牌。在嘉应观和妙乐寺塔、青龙宫、千佛阁附近的村庄重点规划设计，最大限度恢复古风貌。在主体公园内建立雕塑小品30座，将大禹治水、黄河治理、沁河堵口等故事形象地展示给游客。在新开发的木栾新区建设中，要有2至3条以黄河文化内容命名的街道，要有3至5条以传承黄河文化为内涵的主干道。在老城区的兴华路两侧、桥头、十字路口等处，设置规模小、品位高、寓意深的人文景观，或一石，或一亭，或一木，渗透黄河文化人文色彩。

4，搞好宣传，努力传承黄河文化的精神内涵。要把黄河文化精神发扬光大，必须以提高全县人民的思想道德文化素质为出发点，针对不同对象，进行黄河文化的主要精神教育。促进黄河文化、民间文化与公民思想道德建设、精神文明建设、社会文化、企业文化、校园文化建设有机结合在一起，为打造中国黄河文化之乡营造健康向上的文化氛围。从现在开始，3至5年初见成效，并长期坚持下去。要探索黄河文化、民间文化与行业文化建设的有机结合，积累经验，及时推广。以形式多样的活动为载体，推动黄河文化和民间文化的论证研究，使挖掘整理成果进入千家万户。利用县乡党校和电视台举办专题讲座，组织黄河文化、民间文化知识竞赛。编印通俗易懂的黄河文化和民间文化系列丛书，宣传群众，以此推动黄河文化民间文化的大众传

播，起到教化民众、提升文明素质的作用。采取多种形式传承彰显黄河文化之乡文明，如制作宣传黄河文化及人文景观的画页、画册和或摄影集，绘制黄河传说故事连环画，录制宣传黄河文化民间文化的音像制品，面向全国征集相关书画作品等等。

　　武陟，一座正在崛起的新兴城市，她物华天宝而又人杰地灵，她既有着深厚的历史文化底蕴，也有着得天独厚的地理环境和区位优势。今日之武陟，正强力实施"六大战略"，加快推进"八区"建设，精心绘制发展宏

河南武陟

双龙卧波

图。弘扬民族文化,传承文明精华,致力构建魅力武陟之文化长城。在武陟县委、县政府的领导下,武陟正在笃行进取,戮力同心,继往开来,大踏步地走向辉煌的明天。

第七章 文化传承与建设

附 录

黄河文化之乡建设大事记
（2012年5月~2014年10月）

2012年

5月12日，武陟县委、县政府对申报中国黄河文化之乡工作进行了安排部署。

同月，县文联按照县委、县政府要求，开展申报中国黄河文化之乡的组织工作，重点抓好申报材料的收集整理，及时召开座谈会、讨论会，听取县民间文艺工作者对申报中国黄河文化之乡材料的意见和建议，充实完善申报材料内容。

8月，县委常委、宣传部长薛新生与县文联主席党玉红向河南省民间文艺家协会递交武陟县委、县政府申报中国黄河文化之乡相关资料。

9月，组织拍摄了《黄河文化在武陟》专题片，展示了武陟丰富的黄河文化。

12月30日，河南省民间文艺家协会组织有关专家对武陟县申报中国黄河文化之乡，并建立中国黄河文化研究中心基地工作进行了考察论证。

2013年

1月，武陟县申报中国黄河文化之乡资料顺利通过省级专家组论证。

4月3日，中国民间文艺家协会分党组书记罗杨到武陟县考察黄河文化之乡创建情况，对武陟县丰富的黄河文化遗产以及挖掘、传承和保护工作予以充分肯定。他评价说，沿黄考察许多地方，唯有武陟的黄河文化最具代表性，这里的历史、地域、民风、民俗、文化基因里都浸泡着黄河的影子。

4月22-24日，中国民间文艺家协会组织国家专家组对武陟申报中国黄河文化之乡进行实地考察论证，武陟黄河文化之乡的申报工作顺利通过论证验收。

5月15日，中国民间文艺家协会颁发文件正式命名武陟县为"中国黄河文化之乡"。

7月23日，中国文联、中国民协在武陟县宾馆隆重举行武陟县"中国黄河文化之乡"授牌仪式。中国民协党组成员、副秘书长吕军，河南省文联主席马国强，中国民协顾问、省民协主席夏挽群，中国民协办公室主任马石强，省民协副主席、秘书长程健君，中国民间文艺家协会、河南省文联、省民间文艺家协会以及焦作市相关领导、武陟县五家班子领导出席了授牌仪式和新闻发布会。时任县长闫小杏发布了新闻。

8月，成立中国黄河文化研究中心。

同月，积极筹划"中国黄河文化之乡"丛书的编写工作。按照中国民协、省民协的统一安排，在县委、县政府的领导下，县文联积极组织人员围绕我县黄河文化的内涵和地位、传承和保护等不同方面，起草编写《中国黄河文化之乡·河南武陟》一书。

9月，县文联积极组织专家学者和民间文艺工作者撰写了《武陟与黄河文化》系列文章稿件，在《今日武陟》和武陟对外宣传网络上进一步宣传报道。

12月，《中国黄河文化之乡·河南武陟》一书初稿成型，递报省民间文艺家协会审批。

2014年

元月，根据省民间文艺家协会专家建议对初稿进行修改，变动章节，增减内容。

3月，更换部分内容和图片，第二稿成型并再报省民间文艺家协会。

8月，省相关专家学者对该书初审并反馈详细修改建议。

10月，按照反馈建议增删内容，第三稿成型。

后　记

　　武陟地处黄河中游和下游的分界点，是中华文明和黄河文化的重要发祥地和传承地。在武陟，随处可见的中华文明和黄河文化遗址，流传久远的黄河传说，丰富多彩的黄河民俗，治理黄河的诸多故事和史实，祭祀黄河的特有活动和治理黄河的许多古今工程以及这片地域的独特物产，共同形成了丰富多彩的黄河文化。为了更好地保护和传承这一优秀文化，按照中国民间文艺家协会、河南省民间文艺家协会的统一安排，在2013年7月"中国黄河文化之乡"新闻发布会结束之后，《中国黄河文化之乡·河南武陟》一书的编写即进入实际操作阶段。在武陟县委、县政府的大力支持下，在县委宣传部的直接领导下，县文联的同志和有关学者经过一年多的辛苦努力，广泛征集相关文字和图片资料，终使该书编撰完成付梓出版了。

　　黄河文化博大精深，是古黄河文化、治黄文化、祭祀文化和民俗文化的

渊海。因此该书和同类书籍比起来，在内容和框架设置方面略有变化。全书共分七章，每章编写人为：第一章，李祖瑶；第二章，荆小斌、杜振乾；第三、五、七章，薛更银、李祖瑶；第四章，王小片、薛更银；第六章，薛更银、李祖瑶、杜振乾。党玉红策划了全书框架并对全书内容作了通改，李祖瑶对全书作了通编。王顺波和赵凤本等人为本书的图片拍摄和收集做了大量工作，嘉应观风景管理局和嘉应观乡政府在本书资料收集过程中提供了许多帮助，中国民协、河南民协及焦作民协的领导和专家对本书的编写作了具体指导，特别是特邀编辑王慧对本书内容的审验做了大量细致的工作，在此一并表示感谢。如果本书能使您对黄河文化和中国黄河文化之乡武陟有了比较深入的了解，那将是我们最大的欣慰。

  在本书的编纂过程中，我们本着尊重历史和事实的原则，对古老而又年轻、博大而又精深的黄河文化进行了多方收集和整理。但由于时间仓促，加之水平有限，书中的疏漏和错误在所难免，为此，敬请有关方家谅解，并不吝赐教。

编者

2014年10月于河南武陟

图书在版编目（CIP）数据

中国黄河文化之乡河南武陟 / 薛新生主编. -- 北京：中国文联出版社，2015.8
ISBN 978-7-5190-0256-5

Ⅰ．①中… Ⅱ．①薛… Ⅲ．①武陟县－概况 Ⅳ．①K926.14

中国版本图书馆 CIP 数据核字(2015)第 214876 号

中国黄河文化之乡——河南武陟

主　编：薛新生	
出 版 人：朱　庆	
终 审 人：奚耀华	复 审 人：王东升
责任编辑：王东升　龚　方	责任校对：付泉泽
封面设计：王　鹏	责任印制：陈　晨

出版发行：中国文联出版社
地　　址：北京市朝阳区农展馆南里 10 号，100125
电　　话：010-65389142（咨询）65067803（发行）65389150（邮购）
传　　真：010-65933115（总编室），010-65033859（发行部）
网　　址：http://www.clapnet.cn
E - mail：clap@clapnet.cn　　　　wangds@clapnet.cn
印　　刷：北京艺堂印刷有限公司
装　　订：北京艺堂印刷有限公司
法律顾问：北京市天驰洪范律师事务所徐波律师
本书如有破损、缺页、装订错误，请与本社联系调换

开　　本：710×1000	1/16
字　　数：210千字	印　张：14.25
版　　次：2015年8月第1版	印　次：2016年4月第2次印刷
书　　号：ISBN 978-7-5190-0256-5	
定　　价：88.00元	

版权所有　翻印必究